Curso

La diferencia entre aprobar
y sacar plaza

Auxiliar Administrativo/a

ADMINISTRACIÓN GENERAL DEL ESTADO

(ACCESO LIBRE)

Si aún no dispones de tu **Curso MAD360**, te ofrecemos un acceso GRATIS de 30 días para que disfrutes de los siguientes recursos:

- MADTEST: Test comentados.
- Técnicas de Memoria 360.
- Temario en formato digital.
- Vídeos.
- Esquemas.
- Pódcast.
- Planificación de estudio flexible.
- Foro entre opositores.
- Recursos y novedades exclusivas.
- Consúltanos sobre tu oposición y el proceso selectivo.
- Actualizaciones trimestrales del temario.

Para acceder a esta prueba del Curso MAD360* será necesaria la compra de los 3 volúmenes de temario y el libro de test de esta especialidad de la edición 2025.

Valida los códigos que encuentras en la última página de tus libros y disfruta de la experiencia MAD360. Y para adquirir tu Curso MAD360 pincha en la opción RENOVAR que encontrarás en tu panel.

Infórmate en: mad.es/registro-campus

NOTA IMPORTANTE:

* El acceso al CURSO MAD360 estará disponible desde agosto de 2025 (algunos recursos podrían estar disponibles en fecha posterior) y hasta el 28 de febrero de 2027. Tendrá una duración de 30 días RENOVABLES mediante pago, desde la validación de códigos.

MAD se reserva el derecho a ampliar dichas fechas.

Auxiliar Administrativo/a de la Administración General del Estado

(Acceso Libre)

Julio, 2025

Auxiliar Administrativo/a de la Administración General del Estado

(Acceso Libre)

Test

Autores

ELENA GARCÍA FERNÁNDEZ
Licenciada en Derecho

JOSÉ ANTONIO GUERRERO ARROYO
Cuerpo Superior de Letrados
Cuerpo Superior Jurídico

JOAQUÍN MARTÍNEZ DEL FRESNO
Licenciado en Derecho

SERGIO JIMENO MOLINS
Ingeniero Superior en Telecomunicaciones
Profesor de Educación Secundaria Obligatoria y Bachillerato

CARLOS TOJEIRO ALCALÁ
Ingeniero Informático
Titulado MCP de Microsoft

© 7 Editores Recursos para la Cualificación Profesional y el Empleo, S.L. (7 Editores)
© Los autores
Primera edición, julio 2025 (232 páginas)
Derechos de edición reservados a favor de 7 Editores
IMPRESO EN ESPAÑA
Diseño Portada: 7 Editores
Edita: 7 Editores
Avda. San Francisco Javier, 9 · Edificio Sevilla 2 · Planta 11 · Módulos 25-27 · 41018 Sevilla
Teléfono: 954 784 411 · WEB: www.mad.es · e-mail: administracion@7editores.com
ISBN: 978-84-142-9879-4
© "Editorial Mad" y "Eduforma" son nombres comerciales registrados de
7 Editores Recursos para la Cualificación Profesional y el Empleo, S.L.

Índice

I. Organización Pública

II. Actividad Administrativa y Ofimática

I. Organización Pública

TEST N.º 1

La Constitución Española de 1978. Características.
Los principios constitucionales y los valores superiores.
Derechos y deberes fundamentales. Su garantía y suspensión

1. Señala la respuesta correcta respecto a la estructura de la Constitución:

a) Está formada por 169 artículos, 4 disposiciones adicionales, 9 disposiciones transitorias, 1 derogatoria y 1 final.
b) En su Título III se regula el derecho a la educación y se reconoce la libertad de enseñanza.
c) En su anexo II faculta al Estado para autorizar la independencia de los territorios.
d) Todas son correctas.

2. Los extranjeros tendrán derecho de sufragio en España, atendiendo a criterios de reciprocidad:

a) En ningún caso.
b) En todos los procesos electorales que se convoquen en España, excepto en las elecciones municipales.
c) Solo derecho de sufragio pasivo en las elecciones generales.
d) En las elecciones municipales.

3. En el campo religioso, la Constitución Española establece que:

a) Existe libertad ideológica, religiosa y de culto, excepto en lugares públicos.
b) La religión católica tiene carácter estatal y se colaborará con las demás confesiones.
c) Nadie puede ser obligado a declarar sobre su ideología, religión o creencias.
d) Los poderes públicos mantendrán relaciones de cooperación con las religiones católica, islámica, protestante y evangélica.

4. La interdicción de la arbitrariedad de los poderes públicos significa que:

a) Pueden actuar arbitrariamente.
b) Gozan de amplias potestades discrecionales.

c) Se les prohíbe taxativamente actuar con arbitrariedad.

d) Pueden revisar en vía administrativa sus actos ilegales.

5. La actual Constitución Española en cuanto a su publicación y vigencia:

a) Se publicó el 29 de diciembre de 1978, y está vigente desde el mismo día de su publicación.

b) Está vigente desde el 1 de diciembre de 1978, fecha en que fue sancionada por S.M. el Rey Felipe VI.

c) Se publicó en el mes de diciembre de 1978 estando vigente desde el 1 de enero de 1979.

d) La Constitución Española está vigente desde el 6 de diciembre de 1978, fecha en la que el pueblo español la ratificó en referéndum.

6. De conformidad con lo establecido en el Título I de la Constitución, señala la respuesta correcta:

a) La Constitución determina el plazo máximo de la prisión provisional.

b) Las asociaciones solo podrán ser disueltas o suspendidas en sus actividades en virtud de resolución administrativa motivada.

c) Todos contribuirán al sostenimiento de los gastos públicos de acuerdo con su capacidad económica mediante un sistema tributario justo inspirado en los principios de igualdad y proporcionalidad.

d) Compete a los poderes públicos organizar y tutelar la salud pública a través de medidas preventivas y de las prestaciones y servicios necesarios.

7. Indica cuál de las siguientes respuestas está recogida en el Título primero, artículo 10.2 de la CE:

a) La nación está obligada a conservar y proteger por leyes sabias y justas la libertad civil, la propiedad y los demás derechos legítimos de todos los individuos que la componen.

b) El Estado español acatará las normas universales del Derecho Internacional, incorporándolas a su derecho positivo.

c) Las normas relativas a los derechos fundamentales y a las libertades que la CE reconoce se interpretarán de conformidad con la Declaración Universal de Derechos Humanos y los tratados y acuerdos internacionales sobre las mismas materias ratificados por España.

d) Todas son correctas.

8. Según la Constitución Española, señala la respuesta correcta:

a) La Constitución Española, deseando establecer la justicia, la libertad y la seguridad y promover el bien de cuantos la integran, en uso de su soberanía, proclama su voluntad de garantizar la convivencia democrática dentro de la Constitución y de las leyes conforme a un orden económico y social justo.

b) España se constituye en un Estado social y democrático de Derecho, que propugna como valores superiores de su ordenamiento jurídico la libertad, la justicia, la igualdad y el pluralismo político y sindical.

c) Los sindicatos de trabajadores y las asociaciones empresariales contribuyen a la defensa y promoción de los intereses económicos y sociales que les son propios. Su creación y el ejercicio de su actividad son libres dentro del respeto a la Constitución y a la ley. Su estructura interna y funcionamiento deberán ser democráticos.

d) Todas son correctas.

9. ¿Cuál de las siguientes opciones establecidas en la Constitución Española se considera incorrecta?

a) Los extranjeros gozarán en España de las libertades públicas que garantiza el Título I de la Constitución Española en los términos que establezcan los tratados y la ley.

b) Los españoles son iguales ante la ley, sin que pueda prevalecer discriminación alguna por razón de nacimiento, raza, sexo, religión, opinión o cualquier otra condición o circunstancia personal o social.

c) Toda persona detenida debe ser informada de forma inmediata, y de modo que le sea comprensible, de sus derechos y de las razones de su detención, no pudiendo ser obligada a declarar. Se garantiza la asistencia de abogado al detenido en las diligencias policiales y judiciales, en los términos que la Constitución y la ley establezca.

d) Ninguna es correcta.

10. La CE se fundamenta en la indisoluble unidad de la Nación española y reconoce y garantiza:

a) El derecho a la autonomía de las CCAA y regiones que la integran y la solidaridad entre todas ellas.

b) El derecho a la autonomía de las Comunidades que la integran así como la solidaridad entre todas ellas.

c) El derecho a la autonomía de las Comunidades que la integran así como la solidaridad entre todas ellas y en especial las CCAA.

d) El derecho a la autonomía de las nacionalidades y regiones que la integran y la solidaridad entre todas ellas.

11. ¿Quién promueve las condiciones para que la libertad y la igualdad del individuo y de los grupos en que se integra sean reales y efectivas?

a) La Constitución Española.
b) La Unión Europea.
c) Las Cortes Generales.
d) Los poderes públicos.

12. Cualquier ciudadano podrá recabar la tutela de las libertades y derechos reconocidos en el artículo 14 y la Sección primera del Capítulo segundo antes los Tribunales ordinarios por un procedimiento basado en los principios de:

a) Sumariedad y justicia.
b) Justicia e igualdad.
c) Preferencia y sumariedad.
d) Igualdad y proporcionalidad.

13. Las normas relativas a los derechos fundamentales y a las libertades que la Constitución se interpretarán de conformidad con:

a) La Declaración Universal de los Derechos Humanos.
b) La Declaración Universal de los Derechos Humanos y las leyes orgánicas que lo desarrollen.
c) La Declaración Universal de los Derechos Humanos, los Tratados y Acuerdos Internacionales sobre las materias ratificadas por España.
d) Ninguna es correcta.

14. La Constitución Española en su artículo 1 establece:

a) La Constitución se fundamenta en la indisoluble unidad de la Nación española.
b) El español es la lengua oficial del Estado.
c) La indisoluble unidad de la Nación española.
d) España se constituye en un Estado social y democrático de derecho, que propugna como valores superiores de su ordenamiento jurídico, la libertad, la justicia, la igualdad y el pluralismo político.

15. De acuerdo con su preámbulo, ¿quién ratifica la CE de 1978?

a) El Rey.
b) Las Cortes Generales.
c) El pueblo español.
d) El Congreso de los Diputados.

En MADTEST tienes **más preguntas de este tema, comentadas y argumentadas**, y todos tus avances quedan registrados y se reflejan en el ranking.

¡Supera tus límites con MADTEST!

A continuación te presentamos algunos ejemplos de preguntas comentadas:

16. La justicia, según la Constitución, es:

a) Una garantía de los derechos fundamentales.
b) Un valor superior del ordenamiento jurídico.
c) Un fundamento del orden político y de la paz social.
d) Gratuita en todo caso.

Respuesta correcta: b) Un valor superior del ordenamiento jurídico.

La fundamentación legal de esta pregunta la encontramos en el artículo 1.1 de la Constitución Española de 1978:

España se constituye en un Estado social y democrático de Derecho, que propugna como valores superiores de su ordenamiento jurídico la libertad, la justicia, la igualdad y el pluralismo político.

17. Los extranjeros gozarán en España de las libertades públicas que garantiza el Título I de la Constitución Española en los términos que establezcan:

a) La Ley y la Constitución.
b) Los poderes públicos.
c) Los Tratados y la Ley.
d) Los Tratados Internacionales.

Respuesta correcta: c) Los Tratados y la Ley.

La fundamentación legal de esta pregunta la encontramos en el artículo 13.1. de la Constitución Española de 1978:

1. Los extranjeros gozarán en España de las libertades públicas que garantiza el presente Título en los términos que establezcan los tratados y la ley.

18. El artículo 1.1 de la CE propugna como valores superiores de su ordenamiento jurídico, la libertad, la justicia, la igualdad y el pluralismo político. Estos valores:

a) Tienen mero carácter declarativo.
b) Tienen carácter normativo.
c) Suponen una mera declaración retórica.
d) No tienen fuerza jurídica.

Respuesta correcta: b) Tienen carácter normativo.

La fundamentación legal de esta pregunta la encontramos en el artículo 9.1. de la Constitución Española de 1978:

1. Los ciudadanos y los poderes públicos están sujetos a la Constitución y al resto del ordenamiento jurídico.

19. Indica la afirmación correcta sobre el artículo 27 de la Constitución Española:

a) La enseñanza es obligatoria y gratuita.

b) Los poderes públicos intervendrán en el control de todos los centros sostenidos por la Administración con fondos públicos, en los términos que la ley establezca.

c) Los poderes públicos inspeccionarán y homologarán el sistema educativo para garantizar el cumplimiento de la ley.

d) Ninguna es correcta.

Respuesta correcta: c) Los poderes públicos inspeccionarán y homologarán el sistema educativo para garantizar el cumplimiento de la ley.

La fundamentación legal de esta pregunta la encontramos en el artículo 27.8 de la Constitución Española de 1978:

8. Los poderes públicos inspeccionarán y homologarán el sistema educativo para garantizar el cumplimiento de las leyes.

20. ¿Qué parte de la Constitución Española no tiene fuerza jurídica?

a) Las Disposiciones Adicionales.

b) El Preámbulo.

c) La Disposición Final.

d) El Título Preliminar.

Respuesta correcta: b) El Preámbulo.

La fundamentación legal de esta pregunta la encontramos en la doctrina constitucionalista. El valor jurídico del preámbulo para la doctrina constitucionalista mayoritaria es meramente interpretativo recogiendo en gran medida la intención del legislador.

Solución al test n.º 1

1. a) Está formada por 169 artículos, 4 disposiciones adicionales, 9 disposiciones transitorias, 1 derogatoria y 1 final.

2. d) En las elecciones municipales.

3. c) Nadie puede ser obligado a declarar sobre su ideología, religión o creencias.

4. c) Se les prohíbe taxativamente actuar con arbitrariedad.

5. a) Se publicó el 29 de diciembre de 1978, y está vigente desde el mismo día de su publicación.

6. d) Compete a los poderes públicos organizar y tutelar la salud pública a través de medidas preventivas y de las prestaciones y servicios necesarios.

7. c) Las normas relativas a los derechos fundamentales y a las libertades que la CE reconoce se interpretarán de conformidad con la Declaración Universal de Derechos Humanos y los tratados y acuerdos internacionales sobre las mismas materias ratificados por España.

8. c) Los sindicatos de trabajadores y las asociaciones empresariales contribuyen a la defensa y promoción de los intereses económicos y sociales que les son propios. Su creación y el ejercicio de su actividad son libres dentro del respeto a la Constitución y a la ley. Su estructura interna y funcionamiento deberán ser democráticos.

9. c) Toda persona detenida debe ser informada de forma inmediata, y de modo que le sea comprensible, de sus derechos y de las razones de su detención, no pudiendo ser obligada a declarar. Se garantiza la asistencia de abogado al detenido en las diligencias policiales y judiciales, en los términos que la Constitución y la ley establezca.

10. d) El derecho a la autonomía de las nacionalidades y regiones que la integran y la solidaridad entre todas ellas.

11. d) Los poderes públicos.

12. c) Preferencia y sumariedad.

13. c) La Declaración Universal de los Derechos Humanos, los Tratados y Acuerdos Internacionales sobre las materias ratificadas por España.

14. d) España se constituye en un Estado social y democrático de derecho, que propugna como valores superiores de su ordenamiento jurídico, la libertad, la justicia, la igualdad y el pluralismo político.

15. c) El pueblo español.

16. b) Un valor superior del ordenamiento jurídico.

17. c) Los Tratados y la Ley.

18. b) Tienen carácter normativo.

19. c) Los poderes públicos inspeccionarán y homologarán el sistema educativo para garantizar el cumplimiento de la ley.

20. b) El Preámbulo.

El Tribunal Constitucional. La reforma de la Constitución. La Corona: funciones constitucionales del Rey. Sucesión y regencia

1. La reina consorte o el consorte de la reina:

a) Podrán asumir funciones constitucionales en todo caso.
b) En ningún caso podrán asumir funciones constitucionales.
c) No podrán asumir funciones constitucionales, salvo lo dispuesto para la Regencia.
d) Ninguna es correcta.

2. ¿Quién debe prestar el juramento previsto en el artículo 61 de la Constitución Española de 1978?

a) Únicamente el Rey.
b) El Rey, el Príncipe heredero y el Regente o Regentes.
c) El Rey y todos sus familiares de primer y segundo grado.
d) El Rey, el Príncipe heredero, la Reina consorte o el consorte de la Reina y el tutor del Rey menor de edad.

3. La mayoría de dos tercios de cada Cámara y la disolución inmediata de las Cortes es precisa:

a) Cuando se propusiere la revisión total de la Constitución o una parcial que afecte al artículo 14 y al Capítulo segundo del Título I.
b) Cuando se propusiere la revisión total de la Constitución o una parcial que afecte al Título Preliminar, al Capítulo segundo, Sección 1ª del Título I, o al Título II.
c) Cuando se propusiere la revisión parcial que afecte al Título Preliminar, al artículo 14 y al Capítulo segundo, Sección 2ª del Título Primero.
d) Cuando se propusiere la revisión total de la Constitución o una parcial que afecte al Título Preliminar, al Capítulo segundo, Sección 2ª del Título I, o al Título III.

4. Según establece el artículo 164 de la Constitución Española, las sentencias del Tribunal Constitucional:

a) Se publicarán en el BOE con los votos particulares, si los hubiere.
b) Tienen el valor de cosa juzgada desde el día de su publicación.
c) Pueden ser objeto de recurso de casación para unificación de doctrina.
d) Todas son correctas.

5. Para modificar el artículo 57 de la Constitución suprimiendo la preferencia del varón en el orden de sucesión a la Corona, se requiere, entre otras cosas:

a) Que una Comisión paritaria de Diputados y Senadores presente el texto a votación.
b) Aprobación por mayoría de 3/5 en el Congreso y en el Senado.
c) Elecciones generales.
d) Mayoría simple del Congreso y del Senado.

6. ¿Cuál de los siguientes motivos ha dado lugar a una reforma de la Constitución Española de 1978?

a) Incluir el derecho de sufragio "activo y pasivo" en las elecciones.
b) Garantizar el principio de estabilidad presupuestaria.
c) Adaptar el artículo 94 de los Tratados Internacionales.
d) Todas son correctas.

7. Los miembros del Tribunal Constitucional:

a) No tienen por qué pertenecer a la carrera judicial.
b) Tienen que pertenecer a la carrera judicial.
c) Tienen que pertenecer a la carrera judicial con más de quince años de antigüedad en la misma.
d) Ninguna es correcta.

8. En relación con el Tribunal Constitucional, señala cuál de las siguientes respuestas es incorrecta:

a) El Tribunal en Pleno conoce de los recursos previos de inconstitucionalidad contra proyectos de Estatutos de Autonomía y contra propuestas de reforma de los Estatutos de Autonomía.
b) El Tribunal actúa en Pleno, Sala o Sección.
c) Conoce de los recursos de amparo por violación de los derechos y libertades públicas relacionados en el artículo 53.2. de la CE.
d) Las Secciones del Tribunal Constitucional conocerán de asuntos que, atribuidos a la justicia constitucional, no sean competencia del Pleno.

9. ¿Cuál de estas funciones corresponde al Rey de acuerdo con lo establecido en el Título II de la Constitución?

a) Convocar a referéndum en los casos previstos por Ley.
b) Declarar la guerra, previa autorización del Congreso de los Diputados.
c) Ejercer el derecho de gracia con arreglo a la Ley, que podrá autorizar indultos generales.
d) Sancionar y promulgar las leyes.

10. La sucesión en la Corona se proveerá con las Cortes Generales:

a) Cuando se produzca el fallecimiento del Rey.
b) Cuando el heredero sea menor de edad.
c) Cuando se hayan extinguido todas las líneas llamadas en derecho a la sucesión.
d) Cuando el heredero contraiga matrimonio con ciudadano extranjero.

11. ¿Cuál de las siguientes funciones no corresponde al Rey?

a) Convocar y disolver las Cortes Generales y convocar elecciones en los términos previstos en la Constitución.
b) Ser informado de los asuntos de Estado y presidir, a estos efectos, las sesiones del Consejo de Ministros, cuando lo estime oportuno el Presidente del Gobierno.
c) Proponer el candidato a Presidente del Gobierno y, en su caso, nombrarlo, así como poner fin a sus funciones en los términos previstos en la Constitución.
d) Expedir los decretos acordados en el Consejo de Ministros, conferir los empleos civiles y militares y conceder honores y distinciones con arreglo a las leyes.

12. De acuerdo con lo señalado en el artículo 59.3 de la Constitución Española, si no hubiere ninguna persona a quien corresponda la Regencia:

a) Esta la asumirá la Mesa de las Cortes Generales.
b) Esta será nombrada por las Cortes Generales, y se compondrá de una, tres o cinco personas.
c) Esta será nombrada por el Senado, y se compondrá de una, tres o cinco personas.
d) Esta será nombrada por el Senado, y se compondrá de una, dos o tres personas.

13. El acto del Rey de propuesta y nombramiento del Presidente del Gobierno será refrendado, según el artículo 64.1 de la Constitución Española, por:

a) El Presidente del Congreso.
b) El Presidente del Tribunal Constitucional.
c) Ese acto no requiere refrendo.
d) El Presidente del Senado.

14. Aprobada la reforma constitucional por las Cortes Generales, ¿se podrá someter a referéndum?

a) Sí, siempre que lo soliciten dentro de los quince días siguientes a su aprobación, una décima parte de los miembros de cualquiera de las Cámaras.
b) Sí, siempre que lo soliciten dentro de los diez días siguientes a su aprobación, una quinta parte de los miembros de cualquiera de las Cámaras.
c) Sí, es obligatorio en todo caso.
d) No, nunca.

15. ¿Cuál de los siguientes actos del Rey necesita refrendo?

a) El nombramiento del personal de la Casa Real.
b) La disolución de las Cámaras.
c) La distribución de la cantidad global –que recibe de los Presupuestos del Estado– para el mantenimiento de su familia.
d) Todas son correctas.

En MADTEST tienes **más preguntas de este tema, comentadas y argumentadas**, y todos tus avances quedan registrados y se reflejan en el ranking.

¡Supera tus límites con MADTEST!

A continuación te presentamos algunos ejemplos de preguntas comentadas:

16. Al Rey, en el campo de las relaciones internacionales le corresponde, entre otras funciones, la de:

a) Declarar la guerra y hacer la paz, previa autorización del Gobierno.
b) Declarar la guerra y hacer la paz, previa autorización del Ministro de Asuntos Exteriores.
c) Declarar la guerra y hacer la paz, previa autorización de las Cortes Generales.
d) Ninguna es correcta.

Respuesta correcta: c) Declarar la guerra y hacer la paz, previa autorización de las Cortes Generales.

La fundamentación legal de esta pregunta la encontramos en el artículo 63.3. de la Constitución Española de 1978:

3. Al Rey corresponde, previa autorización de las Cortes Generales, declarar la guerra y hacer la paz.

17. El refrendo de los actos del Rey no es necesario:

a) Para el nombramiento de los miembros civiles y militares de su casa.
b) Para la acreditación de los Embajadores Extranjeros.
c) Constitucionalmente siempre es necesario el refrendo, y por lo tanto no cabe ninguna excepción.
d) En ningún caso.

Respuesta correcta: a) Para el nombramiento de los miembros civiles y militares de su casa.

La fundamentación legal de esta pregunta la encontramos en el artículo 65.2. de la Constitución Española de 1978:

2. El Rey nombra y releva libremente a los miembros civiles y militares de su Casa.

18. Las abdicaciones y renuncias, y cualquier duda de hecho o de derecho, que ocurra en el orden de sucesión en la Corona:

a) Deben resolverse por la jurisdicción ordinaria.
b) Deben resolverse por acuerdo del Consejo de Ministros.
c) Se resolverán mediante una ley orgánica.
d) Se resolverán ajustándose al procedimiento establecido en el Título II de la Constitución.

Respuesta correcta: c) Se resolverán mediante una ley orgánica.

La fundamentación legal de esta pregunta la encontramos en el artículo 57.5. de la Constitución Española de 1978:

5. Las abdicaciones y renuncias y cualquier duda de hecho o de derecho que ocurra en el orden de sucesión a la Corona se resolverán por una ley orgánica.

19. Las personas que, teniendo derecho a la sucesión, contrajeran matrimonio contra la expresa prohibición del Rey y de las Cortes Generales:

a) Quedarán excluidas en la sucesión a la Corona por sí y sus descendientes.
b) Quedarán excluidas en la sucesión a la Corona salvo que una ley orgánica posterior levante la prohibición.
c) Quedarán excluidas a la sucesión a la Corona por sí, pero no para sus descendientes.
d) Ninguna es correcta.

Respuesta correcta: a) Quedarán excluidas en la sucesión a la Corona por sí y sus descendientes.

La fundamentación legal de esta pregunta la encontramos en el artículo 57.4. de la Constitución Española de 1978:

4. Aquellas personas que teniendo derecho a la sucesión en el trono contrajeren matrimonio contra la expresa prohibición del Rey y de las Cortes Generales, quedarán excluidas en la sucesión a la Corona por sí y sus descendientes.

20. ¿De dónde recibe el Rey una cantidad global para el sostenimiento de su Familia y Casa?

a) De los Presupuestos Generales del Estado.
b) De los Presupuestos Generales de cada Comunidad Autónoma.
c) De su propia economía, derivada del patrimonio histórico nacional.
d) Son correctas las respuestas a) y c).

Respuesta correcta: a) De los Presupuestos Generales del Estado.

La fundamentación legal de esta pregunta la encontramos en el artículo 65.1. de la Constitución Española de 1978:

1. El Rey recibe de los Presupuestos del Estado una cantidad global para el sostenimiento de su Familia y Casa, y distribuye libremente la misma.

Solución al test n.º 2

1. c) No podrán asumir funciones constitucionales, salvo lo dispuesto para la Regencia.

2. b) El Rey, el Príncipe heredero y el Regente o Regentes.

3. b) Cuando se propusiere la revisión total de la Constitución o una parcial que afecte al Título Preliminar, al Capítulo segundo, Sección 1ª del Título I, o al Título II.

4. a) Se publicarán en el BOE con los votos particulares, si los hubiere.

5. c) Elecciones generales.

6. b) Garantizar el principio de estabilidad presupuestaria.

7. c) Tienen que pertenecer a la carrera judicial con más de quince años de antigüedad en la misma.

8. d) Las Secciones del Tribunal Constitucional conocerán de asuntos que, atribuidos a la justicia constitucional, no sean competencia del Pleno.

9. d) Sancionar y promulgar las leyes.

10. c) Cuando se hayan extinguido todas las líneas llamadas en derecho a la sucesión.

11. b) Ser informado de los asuntos de Estado y presidir, a estos efectos, las sesiones del Consejo de Ministros, cuando lo estime oportuno, el Presidente del Gobierno.

12. b) Esta será nombrada por las Cortes Generales, y se compondrá de una, tres o cinco personas.

13. a) El Presidente del Congreso.

14. a) Sí, siempre que lo soliciten dentro de los quince días siguientes a su aprobación, una décima parte de los miembros de cualquiera de las Cámaras.

15. b) La disolución de las Cámaras.

16. c) Declarar la guerra y hacer la paz, previa autorización de las Cortes Generales.

17. a) Para el nombramiento de los miembros civiles y militares de su casa.

18. c) Se resolverán mediante una ley orgánica.

19. a) Quedarán excluidas en la sucesión a la Corona por sí y sus descendientes.

20. a) De los Presupuestos Generales del Estado.

TEST N.º 3

Las Cortes Generales: composición, atribuciones y funcionamiento del Congreso de los Diputados y Senado. El Defensor del Pueblo

1. Señala la respuesta que consideras incorrecta:

a) Los diputados y senadores percibirán una asignación que será fijada por las respectivas Cámaras.

b) Los diputados y senadores gozarán de inviolabilidad por las opiniones manifestadas en el ejercicio de sus funciones.

c) Los diputados y senadores, durante el período de su mandato, no podrán ser inculpados ni procesados sin la previa autorización de la Cámara respectiva.

d) En las causas contra diputados y senadores será competente el Tribunal Constitucional.

2. En relación con lo regulado sobre el Senado, señala la respuesta correcta:

a) En las provincias insulares, cada isla o agrupación de ellas, con Cabildo o Consejo Insular, constituirá una circunscripción a efectos de elección de senadores, correspondiendo tres a cada una de las islas mayores –La Palma, Mallorca y Tenerife–.

b) La designación de los senadores que correspondan a cada Comunidad Autónoma corresponderá siempre a sus correspondientes Asambleas legislativas, que asegurarán, en todo caso, la adecuada representación proporcional.

c) El Senado es elegido por cuatro años. El mandato de los senadores termina cuatro años después de su elección o el día de la disolución de la Cámara.

d) En cada provincia se elegirán cuatro senadores por sufragio universal, libre, igual, directo y secreto por los votantes de cada una de ellas, en los términos que señala la Constitución.

3. Las Cámaras se reunirán en sesión conjunta para:

a) Ejercer las competencias no legislativas que el Título II atribuye expresamente a las Cortes Generales.

b) Distribuir entre las Comunidades Autónomas el Fondo de Compensación con destino a gastos de inversión.

c) Autorizar la prestación del consentimiento del Estado para obligarse por medio de tratados o convenios.

d) Autorizar la prestación del consentimiento del Estado para que las Comunidades Autónomas puedan celebrar acuerdos de cooperación entre sí.

4. Según establece la CE en su artículo 71.2, para imputar o procesar a diputados o senadores durante su mandato será necesaria una autorización previa que debe emitir:

a) El Tribunal Constitucional.

b) El Congreso o el Senado, respectivamente.

c) El Rey a propuesta del Presidente del Gobierno.

d) No es necesaria tal autorización.

5. De acuerdo con el artículo 15 de la LO 3/1981, de 6 de abril, del Defensor del Pueblo, las quejas ante esta Institución deberán presentarse en el plazo máximo de:

a) Seis meses contados a partir del momento en que el interesado tuviera conocimiento de los hechos objeto de la queja.

b) Un año contado a partir del momento en que el interesado tuviera conocimiento de los hechos objeto de la queja.

c) Un año contado a partir del momento en que se produzcan los hechos objeto de la queja.

d) Seis meses, en todo caso.

6. ¿Cuál es la función del Defensor del Pueblo, según el artículo 54 de la Constitución Española?

a) La resolución de los recursos de inconstitucionalidad que afecten a los derechos y deberes fundamentales.

b) El reconocimiento, respeto y protección de los principios reconocidos en el capítulo tercero del Título I de la Constitución.

c) La defensa de los derechos comprendidos en el Título I de la Constitución.

d) La garantía de las libertades y derechos fundamentales, mediante la emisión de dictamen preceptivo en la elaboración de proyectos de disposiciones administrativas.

7. ¿Quién será competente respecto a las causas contra Diputados y Senadores?

a) La Sala de lo Civil del Tribunal Supremo.

b) La Sala de lo Penal del Tribunal Supremo.

c) La Audiencia Nacional.

d) El Tribunal Superior de Justicia de Madrid.

8. El recurso de inconstitucionalidad planteado por el Defensor del Pueblo:

a) No lo puede interponer por falta de legitimación.

b) Es lícito, pues es un órgano cuya función es proteger los derechos fundamentales de las personas.

c) No es lícito, el Defensor del Pueblo solo puede plantear recursos de amparo.
d) No está contemplado.

9. Según la Constitución Española, señala la respuesta correcta:

a) En cada Cámara habrá una Diputación Permanente compuesta por un mínimo de veintiún miembros, que representarán a los grupos políticos, en proporción a su importancia numérica.
b) Las Cámaras pueden remitir al Gobierno las peticiones que reciban. El Gobierno está siempre obligado a explicarse sobre su contenido.
c) Para la denuncia de un tratado internacional de carácter militar se requerirá siempre la previa autorización de las Cortes Generales.
d) Todas son correctas.

10. ¿En cuál de los siguientes casos las Cortes Generales no actúan conjuntamente?

a) Para proceder a la reforma constitucional.
b) Para autorizar al Rey a declarar la guerra y hacer la paz.
c) Para reconocer la incapacidad del Rey.
d) En ninguno de ellos.

11. El Congreso de los Diputados podrá delegar en Comisiones Legislativas Permanentes la aprobación de leyes:

a) De base.
b) Sobre cuestiones internacionales.
c) Ordinarias en materia tributaria.
d) Todas son correctas.

12. El Defensor del Pueblo en sus funciones está auxiliado:

a) Por tres Adjuntos a los cuales nombrará y separará previa conformidad de las Cámaras, en la forma que determinen sus Reglamentos.
b) Por dos Adjuntos, a los cuales nombrará y separará previa conformidad de las Cámaras, en la forma que determinen sus Reglamentos.
c) Por dos Adjuntos, a los cuales nombrará y separará previa conformidad del Gobierno, en la forma que determine su Reglamento.
d) Ninguna es correcta.

13. De acuerdo con lo establecido en el artículo 68 de la Constitución Española:

a) El Congreso electo deberá ser convocado dentro de los veinticinco días siguientes a la celebración de las elecciones.
b) El Congreso se compone de un mínimo de 200 y un máximo de 300 diputados.
c) Las elecciones tendrán lugar entre los treinta y cuarenta días desde la terminación del mandato.
d) El Congreso tiene la misma composición que el Senado.

14. Las Cámaras se reunirán anualmente en dos períodos ordinarios de sesiones:

a) El primero, de septiembre a diciembre, y el segundo, de febrero a junio.
b) El primero, de febrero a junio, y el segundo, de septiembre a diciembre.
c) El primero, de octubre a diciembre, y el segundo, de enero a junio.
d) No son dos, sino tres.

15. Señala la respuesta incorrecta en relación con el nombramiento del Defensor del Pueblo:

a) Será elegido por las Cortes Generales, por un periodo de cuatro años.
b) Una vez nombrado, deberá tomar posesión de su cargo ante las Mesas de ambas Cámaras, reunidas conjuntamente.
c) Podrá ser elegido cualquier español mayor de edad, que se encuentre en el pleno disfrute de sus derechos civiles y políticos.
d) La elección corresponde a los Plenos de ambas Cámaras, a propuesta de la Comisión Mixta Congreso-Senado para las relaciones con el Defensor del Pueblo.

En MADTEST tienes **más preguntas de este tema, comentadas y argumentadas**, y todos tus avances quedan registrados y se reflejan en el ranking.

¡Supera tus límites con MADTEST!

A continuación te presentamos algunos ejemplos de preguntas comentadas:

16. Conforme al artículo 5 de la Ley Orgánica del Defensor del Pueblo, no cesará por alguna de las siguientes causas:

a) Por renuncia.
b) Por expiración del plazo de su nombramiento.
c) Por muerte o incapacidad sobrevenida.
d) Por haber sido condenado, mediante resolución administrativa, por falta.

Respuesta correcta: d) Por haber sido condenado, mediante resolución administrativa, por falta.

La fundamentación legal de esta pregunta la encontramos en el artículo 5.1 de la Ley Orgánica 3/1981, de 6 de abril, del Defensor del Pueblo:

Uno. El Defensor del Pueblo cesará por alguna de las siguientes causas:

Uno) Por renuncia.

Dos) Por expiración del plazo de su nombramiento.

Tres) Por muerte o por incapacidad sobrevenida.

Cuatro) Por actuar con notoria negligencia en el cumplimiento de las obligaciones y deberes del cargo.

Cinco) Por haber sido condenado, mediante sentencia firme, por delito doloso.

17. La decisión sobre la inculpación, prisión, procesamiento y juicio del Defensor del Pueblo, corresponde exclusivamente a:

a) Las Cortes Generales.
b) El Tribunal Constitucional.
c) La Sala de lo Penal de la Audiencia Nacional.
d) La Sala de lo Penal del Tribunal Supremo.

Respuesta correcta: d) La Sala de lo Penal del Tribunal Supremo.

La fundamentación legal de esta pregunta la encontramos en el artículo 6.3 de la Ley Orgánica 3/1981, de 6 de abril, del Defensor del Pueblo:

Tres. En los demás casos, y mientras permanezca en el ejercicio de sus funciones, el Defensor del Pueblo no podrá ser detenido ni retenido sino en caso de flagrante delito, correspondiendo la decisión sobre su inculpación, prisión, procesamiento y juicio exclusivamente a la Sala de lo Penal del Tribunal Supremo.

18. Señala la respuesta correcta en relación con el Senado:

a) Se compone de un mínimo de 300 y un máximo de 400.
b) A Menorca le corresponden tres senadores.
c) Las poblaciones de Ceuta y Melilla elegirán un senador, cada una de ellas.
d) Ninguna es correcta.

Respuesta correcta: d) Ninguna es correcta.

La fundamentación legal de esta pregunta la encontramos en el 69.2.3.4. de la Constitución Española de 1978:

2. En cada provincia se elegirán cuatro Senadores por sufragio universal, libre, igual, directo y secreto por los votantes de cada una de ellas, en los términos que señale una ley orgánica.

3. En las provincias insulares, cada isla o agrupación de ellas, con Cabildo o Consejo Insular, constituirá una circunscripción a efectos de elección de Senadores, correspondiendo tres a cada una de las islas mayores –Gran Canaria, Mallorca y Tenerife– y uno a cada una de las siguientes islas o agrupaciones: Ibiza-Formentera, Menorca, Fuerteventura, Gomera, Hierro, Lanzarote y La Palma.

4. Las poblaciones de Ceuta y Melilla elegirán cada una de ellas dos Senadores.

19. Las Cámaras podrán delegar en las Comisiones Legislativas Permanentes la aprobación de proyectos o proposiciones de ley:

a) En todo caso.
b) Relativas a cuestiones internacionales.
c) Siempre que sean ordinarias.
d) Sobre presupuestos generales del Estado.

Respuesta correcta: c) Siempre que sean ordinarias.

La fundamentación legal de esta pregunta la encontramos en el artículo 75.2 y 3 de la Constitución Española de 1978:

2. Las Cámaras podrán delegar en las Comisiones Legislativas Permanentes la aprobación de proyectos o proposiciones de ley. El Pleno podrá, no obstante, recabar en cualquier momento el debate y votación de cualquier proyecto o proposición de ley que haya sido objeto de esta delegación.

3. Quedan exceptuados de lo dispuesto en el apartado anterior la reforma constitucional, las cuestiones internacionales, las leyes orgánicas y de bases y los Presupuestos Generales del Estado.

20. El Congreso y el Senado y, en su caso, ambas Cámaras conjuntamente, podrán nombrar Comisiones de Investigación sobre cualquier asunto de interés público. Señala la respuesta correcta:

a) Sus conclusiones serán vinculantes para los Tribunales.
b) Afectarán a las resoluciones judiciales.
c) No será obligatorio comparecer a requerimiento de las Cámaras.
d) Su regulación se encuentra en el artículo 76 de la Constitución Española.

Respuesta correcta: d) Su regulación se encuentra en el artículo 76 de la Constitución Española.

La fundamentación legal de esta pregunta la encontramos en el artículo 76 de la Constitución Española de 1978:

1. El Congreso y el Senado, y, en su caso, ambas Cámaras conjuntamente, podrán nombrar Comisiones de investigación sobre cualquier asunto de interés público. Sus conclusiones no serán vinculantes para los Tribunales, ni afectarán a las resoluciones judiciales, sin perjuicio de que el resultado de la investigación sea comunicado al Ministerio Fiscal para el ejercicio, cuando proceda, de las acciones oportunas.

2. Será obligatorio comparecer a requerimiento de las Cámaras. La ley regulará las sanciones que puedan imponerse por incumplimiento de esta obligación.

Solución al test n.º 3

1. d) En las causas contra diputados y senadores será competente el Tribunal Constitucional.

2. c) El Senado es elegido por cuatro años. El mandato de los senadores termina cuatro años después de su elección o el día de la disolución de la Cámara.

3. a) Ejercer las competencias no legislativas que el Título II atribuye expresamente a las Cortes Generales.

4. b) El Congreso o el Senado, respectivamente.

5. b) Un año contado a partir del momento en que el interesado tuviera conocimiento de los hechos objeto de la queja.

6. c) La defensa de los derechos comprendidos en el Título I de la Constitución.

7. b) La Sala de lo Penal del Tribunal Supremo.

8. b) Es lícito, pues es un órgano cuya función es proteger los derechos fundamentales de las personas.

9. c) Para la denuncia de un tratado internacional de carácter militar se requerirá siempre la previa autorización de las Cortes Generales.

10. a) Para proceder a la reforma constitucional.

11. c) Ordinarias en materia tributaria.

12. b) Por dos Adjuntos, a los cuales nombrará y separará previa conformidad de las Cámaras, en la forma que determinen sus Reglamentos.

13. a) El Congreso electo deberá ser convocado dentro de los veinticinco días siguientes a la celebración de las elecciones.

14. a) El primero, de septiembre a diciembre, y el segundo, de febrero a junio.

15. a) Será elegido por las Cortes Generales, por un periodo de cuatro años.

16. d) Por haber sido condenado, mediante resolución administrativa, por falta.

17. d) La Sala de lo Penal del Tribunal Supremo.

18. d) Ninguna es correcta.

19. c) Siempre que sean ordinarias.

20. d) Su regulación se encuentra en el artículo 76 de la Constitución Española.

TEST N.º 4

El Poder Judicial. El Consejo General del Poder Judicial. El Tribunal Supremo. La organización judicial española

1. ¿Quién nombra al Fiscal General del Estado?

a) El Rey, a propuesta del Congreso, oído el Consejo General del Poder Judicial.
b) El Rey, a propuesta del Tribunal Constitucional, oído el Consejo General del Poder Judicial.
c) El Rey, a propuesta del Gobierno, oído el Consejo General del Poder Judicial.
d) El Ministerio Fiscal.

2. Según la Constitución Española, señala la respuesta correcta:

a) El Consejo General del Poder Judicial estará integrado por el Presidente del Tribunal Supremo, que lo presidirá, y por veinte miembros nombrados por el Rey por un periodo de cinco años. De estos, doce entre jueces y fiscales de todas las categorías judiciales, en los términos que establezca la ley orgánica.
b) Las sentencias serán siempre motivadas y se pronunciarán en audiencia pública, con las excepciones que prevean las leyes del procedimiento.
c) El Tribunal Supremo, con jurisdicción en toda España, es el órgano jurisdiccional superior en todos los órdenes, salvo lo dispuesto en materia de garantías constitucionales.
d) Todas son correctas.

3. Según la CE, la policía judicial en sus funciones de averiguación del delito y descubrimiento y aseguramiento del delincuente, depende de:

a) Los jueces, de los magistrados y del Ministerio Fiscal.
b) Los jueces, de los Tribunales y del Ministerio Fiscal.
c) Los jueces, de los magistrados y del CGPJ.
d) Ninguna es correcta.

4. La justicia será gratuita cuando así lo disponga:

a) La ley.
b) La Constitución Española.

c) El Ordenamiento Jurídico.
d) Una norma con rango de ley orgánica.

5. Las actuaciones judiciales serán públicas:

a) Sí, siempre.
b) Sí, con las excepciones que prevean las leyes de procedimiento.
c) Salvo lo establecido en el artículo 121 de la CE.
d) No, en ningún caso.

6. Los daños causados por error judicial, así como los que sean consecuencia del funcionamiento anormal de la Administración de Justicia, darán derecho a una indemnización a cargo del Estado, conforme:

a) Al ordenamiento jurídico.
b) Al Derecho.
c) A la Constitución.
d) A la ley.

7. Según la CE, las conclusiones de las Comisiones de Investigación nombradas por el Congreso, el Senado, o por ambas Cámaras, no serán vinculantes para los Tribunales, ni afectarán a las resoluciones judiciales, sin perjuicio de que el resultado de la investigación sea comunicado al:

a) Presidente del Tribunal Supremo.
b) Consejo General del Poder Judicial.
c) Ministerio Fiscal.
d) Congreso de los Diputados.

8. Señala la respuesta incorrecta:

a) El CGPJ estará integrado por el Presidente del Tribunal Supremo, que lo presidirá, y por veinte miembros nombrados por el Rey por un período de cinco años. De estos, doce entre jueces y magistrados de todas las categorías judiciales, en los términos que establezca la ley orgánica; cuatro a propuesta del Congreso de los Diputados, y cuatro a propuesta del Senado, elegidos en ambos casos por mayoría de tres quintos de sus miembros, entre abogados y otros juristas, todos ellos de reconocida competencia y con más de quince años de ejercicio en su profesión.
b) El CGPJ estará integrado por el Presidente del Tribunal Supremo, que lo presidirá, y por veinte miembros nombrados por el Rey por un período de cinco años. De estos, doce entre jueces y magistrados de todas las categorías judiciales, en los términos que establezca la ley orgánica; cuatro a propuesta del Congreso de los Diputados, y cuatro a propuesta del Senado, elegidos en ambos casos por mayoría absoluta, entre abogados y otros juristas, todos ellos de reconocida competencia y con más de quince años de ejercicio en su profesión.
c) El Consejo General del Poder Judicial es el órgano de gobierno del mismo. La ley orgánica establecerá su estatuto y el régimen de incompatibilidades de sus miembros y sus funciones, en particular en materia de nombramientos, ascensos, inspección y régimen disciplinario.
d) No hay ninguna respuesta incorrecta.

9. Los Jueces y Magistrados, así como los Fiscales, mientras se hallen en activo:

a) Pueden desempeñar otros cargos públicos pero no pertenecer a partidos políticos ni sindicatos.
b) Pueden desempeñar otros cargos públicos y pertenecer a partidos políticos pero no a sindicatos.
c) No podrán desempeñar otros cargos públicos ni pertenecer a partidos políticos o sindicatos.
d) Ninguna es correcta.

10. El Estado se organiza territorialmente, a efectos judiciales:

a) Solo en Partidos.
b) En Municipios, Provincias y Comunidades Autónomas.
c) En Municipios, Provincias e Islas.
d) En Municipios, Partidos, Provincias y Comunidades Autónomas.

11. ¿De cuántas Salas se compone el Tribunal Supremo?

a) De cuatro: civil, penal, contencioso-administrativo y social.
b) De cinco: civil, penal, contencioso-administrativo, social y militar.
c) De seis: civil, penal, contencioso-administrativo, mercantil, social y militar.
d) Ninguna es correcta.

12. ¿Pueden los ciudadanos ejercer la acción popular y participar en la Administración de Justicia?

a) No.
b) Sí, mediante la institución del Jurado, en la forma y con respecto a todos los procesos penales.
c) Sí, únicamente en los Tribunales consuetudinarios y tradicionales.
d) Sí, mediante la institución del Jurado, en la forma y con respecto a aquellos procesos penales que la ley determine, así como en los Tribunales consuetudinarios y tradicionales.

13. En relación a los Juzgados de Paz es cierto que:

a) Existen en todos los municipios donde haya Juzgado de Primera Instancia e Instrucción.
b) Deberá existir una sola Oficina judicial para varios juzgados.
c) Existen en los municipios donde no exista Juzgado de Primera Instancia e Instrucción.
d) Ninguna es correcta.

14. De la instrucción y enjuiciamiento de las causas contra Magistrados de la Audiencia Nacional o de un Tribunal Superior de Justicia, es competente:

a) La Audiencia Nacional.
b) El Tribunal Supremo.
c) La Audiencia Provincial.
d) Los Tribunales Superiores de Justicia.

15. ¿Cuántos miembros del Consejo General del Poder Judicial, elige cada Cámara?

a) 6.
b) 12.
c) 4.
d) 10.

En MADTEST tienes **más preguntas de este tema, comentadas y argumentadas**, y todos tus avances quedan registrados y se reflejan en el ranking.

¡Supera tus límites con MADTEST!

A continuación te presentamos algunos ejemplos de preguntas comentadas:

16. ¿Qué órgano ejerce la alta inspección de Tribunales, así como la supervisión y coordinación de la actividad inspectora ordinaria de los Presidentes y Salas de Gobierno de los Tribunales?

a) El Consejo General del Poder Judicial.
b) El Ministerio Fiscal.
c) La Audiencia Nacional.
d) El Tribunal Supremo.

Respuesta correcta: a) El Consejo General del Poder Judicial.

La fundamentación legal de esta pregunta la encontramos en el artículo 560.1. 8ª de la Ley Orgánica 6/1985, de 1 de julio, del Poder Judicial:

1. El Consejo General del Poder Judicial tiene las siguientes atribuciones:

8.ª Ejercer la alta inspección de Tribunales, así como la supervisión y coordinación de la actividad inspectora ordinaria de los Presidentes y Salas de Gobierno de los Tribunales.

17. ¿A quién le corresponde procurar ante los Tribunales, la satisfacción del interés social?

a) Al Tribunal Supremo.
b) A las Cortes Generales.
c) Al Consejo General del Poder Judicial.
d) Al Ministerio Fiscal.

Respuesta correcta: d) Al Ministerio Fiscal.

La fundamentación legal de esta pregunta la encontramos en el artículo 124.1. de la Constitución Española de 1978:

1. El Ministerio Fiscal, sin perjuicio de las funciones encomendadas a otros órganos, tiene por misión promover la acción de la justicia en defensa de la legalidad, de los derechos de los ciudadanos y del interés público tutelado por la ley, de oficio o a petición de los interesados, así como velar por la independencia de los Tribunales y procurar ante estos la satisfacción del interés social.

18. Los jueces y Tribunales deben elevar al Tribunal Constitucional:

a) La cuestión de inconstitucionalidad.
b) El recurso de inconstitucionalidad.
c) La inconstitucionalidad de las normas reglamentarias.
d) El recurso de amparo.

Respuesta correcta: a) La cuestión de inconstitucionalidad.

La fundamentación legal de esta pregunta la encontramos en el artículo 163 de la Constitución Española de 1978:

Cuando un órgano judicial considere, en algún proceso, que una norma con rango de ley, aplicable al caso, de cuya validez dependa el fallo, pueda ser contraria a la Constitución, planteará la cuestión ante el Tribunal Constitucional en los supuestos, en la forma y con los efectos que establezca la ley, que en ningún caso serán suspensivos.

19. ¿Qué Tribunales se prohíben según indica el artículo 117.6 de la Constitución Española?

a) Los Tribunales de Honor.
b) Los Tribunales consuetudinarios.
c) Los Tribunales de excepción.
d) Todas son correctas.

Respuesta correcta: c) Los Tribunales de excepción.

La fundamentación legal de esta pregunta la encontramos en el artículo 117.6. de la Constitución Española de 1978:

6. Se prohíben los Tribunales de excepción.

20. Una característica de la actuación del Ministerio Fiscal, en lo que a su organización interna se refiere, es la de:

a) Dependencia del Gobierno de la Nación.
b) Dependencia jerárquica.
c) Parcialidad.
d) Arbitrariedad.

Respuesta correcta: b) Dependencia jerárquica.

La fundamentación legal de esta pregunta la encontramos en el artículo 122.2. de la Constitución Española de 1978:

2. El Ministerio Fiscal ejerce sus funciones por medio de órganos propios conforme a los principios de unidad de actuación y dependencia jerárquica y con sujeción, en todo caso, a los de legalidad e imparcialidad.

Solución al test n.º 4

1. c) El Rey, a propuesta del Gobierno, oído el Consejo General del Poder Judicial.

2. c) El Tribunal Supremo, con jurisdicción en toda España, es el órgano jurisdiccional superior en todos los órdenes, salvo lo dispuesto en materia de garantías constitucionales.

3. b) Los jueces, de los Tribunales y del Ministerio Fiscal.

4. a) La ley.

5. b) Sí, con las excepciones que prevean las leyes de procedimiento.

6. d) A la ley.

7. c) Ministerio Fiscal.

8. b) El CGPJ estará integrado por el Presidente del Tribunal Supremo, que lo presidirá, y por veinte miembros nombrados por el Rey por un período de cinco años. De estos, doce entre jueces y magistrados de todas las categorías judiciales, en los términos que establezca la ley orgánica; cuatro a propuesta del Congreso de los Diputados, y cuatro a propuesta del Senado, elegidos en ambos casos por mayoría absoluta, entre abogados y otros juristas, todos ellos de reconocida competencia y con más de quince años de ejercicio en su profesión.

9. c) No podrán desempeñar otros cargos públicos ni pertenecer a partidos políticos o sindicatos.

10. d) En Municipios, Partidos, Provincias y Comunidades Autónomas.

11. b) De cinco: civil, penal, contencioso-administrativo, social y militar.

12. d) Sí, mediante la institución del Jurado, en la forma y con respecto a aquellos procesos penales que la ley determine, así como en los Tribunales consuetudinarios y tradicionales.

13. c) Existen en los municipios donde no exista Juzgado de Primera Instancia e Instrucción.

14. b) El Tribunal Supremo.

15. d) 10.

16. a) El Consejo General del Poder Judicial.

17. d) Al Ministerio Fiscal.

18. a) La cuestión de inconstitucionalidad.

19. c) Los Tribunales de excepción.

20. b) Dependencia jerárquica.

TEST N.º 5

El Gobierno y la Administración. El Presidente del Gobierno. El Consejo de Ministros. Designación, causas de cese y responsabilidad del Gobierno

1. El artículo 4 de la Ley del Gobierno señala que los Ministros, como titulares de sus Departamentos, tienen competencia y responsabilidad en la esfera específica de su actuación, y les corresponde el ejercicio de las siguientes funciones:

a) Modificar y suprimir los órganos directivos de los Departamentos Ministeriales.
b) Contraer crédito.
c) Refrendar, en su caso, los actos del Rey en materia de su competencia.
d) Todas son correctas.

2. Los miembros del Gobierno exceptuando el Presidente del Gobierno, a tenor del artículo 12.2 de la Ley 50/1997, de 27 de noviembre, del Gobierno, serán nombrados y separados a propuesta de:

a) El Presidente del Gobierno.
b) El Rey.
c) El Presidente del Congreso de los Diputados.
d) El Presidente de las Cortes Generales.

3. Conforme al artículo 21 de la Ley 50/1997, de 27 de noviembre, del Gobierno, el Gobierno en funciones:

a) No puede ser llamado a comparecer ante las Cámaras, salvo casos de urgencia debidamente acreditados.
b) No puede presentar proyectos de ley.
c) No puede dictar Reales Decretos-Leyes.
d) Debe comparecer ante el Pleno del Congreso de los Diputados mensualmente.

4. La ley regulará el acceso a la función pública de acuerdo con:

a) Los principios de jerarquía, descentralización y desconcentración.
b) Los principios de eficacia, jerarquía y coordinación.

c) Los principios de mérito y antigüedad.
d) Los principios de mérito y capacidad.

5. El Congreso de los Diputados puede exigir la responsabilidad política del Gobierno mediante:

a) La adopción por mayoría absoluta de la moción de censura.
b) La presentación de un recurso de amparo ante el Tribunal Constitucional.
c) La presentación de un recurso de inconstitucionalidad ante el Tribunal Constitucional.
d) La adopción por mayoría absoluta de una interpelación.

6. En relación con lo establecido en el Título IV, señala la respuesta incorrecta:

a) Los Tribunales controlan la potestad reglamentaria y la legalidad de la actuación administrativa.
b) La ley regulará el procedimiento a través del cual deben producirse los actos administrativos, garantizando siempre la audiencia del interesado.
c) El Gobierno cesa tras la celebración de elecciones generales, en los casos de pérdida de la confianza parlamentaria previstos en la Constitución, o por dimisión o fallecimiento de su Presidente.
d) La composición y competencia del Consejo de Estado se regulará mediante una ley orgánica.

7. De conformidad con lo dispuesto en el artículo 98 de la Constitución Española, los miembros del Gobierno:

a) No podrán ejercer otras funciones representativas que las propias de su mandato, ni cualquier otra función pública que derive de su cargo, ni actividad profesional o mercantil alguna.
b) No podrán ejercer otras funciones representativas que las propias de su mandato parlamentario, ni cualquier otra función pública que no derive de su cargo, ni actividad profesional o mercantil alguna.
c) No podrán ejercer otras funciones representativas que las propias del mandato parlamentario, ni cualquier otra función pública que derive de su cargo, ni actividad profesional o mercantil alguna.
d) No podrán ejercer otras funciones representativas que las propias del mandato parlamentario, ni cualquier otra función pública que no derive de su cargo, ni actividad profesional o mercantil alguna.

8. Según el artículo 98.4 de la Constitución Española, el estatuto e incompatibilidades de los miembros del Gobierno se regulará por:

a) Ley.
b) Ley Orgánica.

c) Real Decreto-ley.
d) Reglamento.

9. El artículo 102 de la Constitución Española, en cuanto a la responsabilidad criminal del Presidente y los demás miembros del Gobierno, dispone que:

a) Si la acusación fuere por cualquier delito contra la seguridad del Estado en el ejercicio de sus funciones, solo podrá ser planteada por iniciativa de la cuarta parte de los miembros del Congreso, y con la aprobación de la mayoría absoluta del mismo.
b) Si la acusación fuere por traición o por cualquier delito contra la seguridad del Estado, solo podrá ser planteada por iniciativa de la cuarta parte de los miembros del Congreso, y con la aprobación de la mayoría absoluta del mismo.
c) Si la acusación fuere por traición o por cualquier delito contra la seguridad del Estado en el ejercicio de sus funciones, solo podrá ser planteada por iniciativa de la cuarta parte de los miembros del Congreso, y con la aprobación de la mayoría absoluta del mismo.
d) Si la acusación fuere por traición o por cualquier delito contra la seguridad del Estado, solo podrá ser planteada a instancia de la cuarta parte de los miembros del Congreso, y con la aprobación de la mayoría absoluta del mismo.

10. Conforme al artículo 116 de la Constitución Española, el estado de excepción será declarado:

a) Por el Gobierno mediante decreto acordado en Consejo de Ministros, previa autorización del Congreso de los Diputados.
b) Por el Gobierno mediante decreto acordado en Consejo de Ministros, dando cuenta al Congreso de los Diputados.
c) Por el Congreso de los Diputados, a propuesta del Gobierno.
d) Por el Consejo de Ministros, previa autorización del Congreso de los Diputados.

11. Tal y como dispone el artículo 8 de la Ley del Gobierno, la Secretaría de la Comisión General de Secretarios de Estado y Subsecretarios será ejercida directamente por:

a) El Director del Secretariado del Gobierno.
b) El Subsecretario de la Presidencia.
c) Un Secretario de Estado.
d) Un Subsecretario.

12. ¿Qué mayoría es necesaria, de acuerdo con el artículo 113 de la Constitución Española, para que se entienda aprobada una moción de censura?

a) Mayoría absoluta.
b) Mayoría simple.
c) Mayoría de 1/3.
d) Mayoría de 2/3.

13. Según el artículo 100 de la Constitución Española, los miembros del Gobierno:

a) Ante la propuesta del Presidente, aceptarán y prometerán el cargo.

b) Serán nombrados y separados por el Rey, a propuesta del Presidente del Gobierno.

c) Serán propuestos por el Presidente del Gobierno y jurarán o prometerán el cargo ante el Rey.

d) Ninguna es correcta.

14. En todo caso, corresponde al Presidente del Gobierno:

a) Acordar la negociación y firma de tratados internacionales, así como su aplicación provisional.

b) Disponer la emisión de deuda pública o contraer crédito cuando haya sido autorizado por ley.

c) Interponer recursos de inconstitucionalidad.

d) Crear, modificar y suprimir los órganos directivos de los departamentos ministeriales.

15. Según el artículo 99 de la Constitución Española, el candidato a la Presidencia del Gobierno será propuesto por:

a) El Presidente del Congreso de los Diputados, a través del Rey, previa consulta con los representantes designados por los grupos políticos con representación parlamentaria.

b) El Rey, previa consulta con los representantes designados por los grupos políticos con representación parlamentaria, y a través del Presidente del Congreso de los Diputados.

c) El Presidente del Congreso de los Diputados, previa consulta con los representantes designados por los grupos políticos con o sin representación parlamentaria, después de cada renovación del Congreso de los Diputados.

d) Ninguna es correcta.

En MADTEST tienes **más preguntas de este tema, comentadas y argumentadas**, y todos tus avances quedan registrados y se reflejan en el ranking.

¡Supera tus límites con MADTEST!

A continuación te presentamos algunos ejemplos de preguntas comentadas:

16. De acuerdo con el artículo 115 de la Constitución, el Presidente del Gobierno no podrá proponer la disolución del Senado:

a) Si no han transcurrido dos años desde la anterior disolución de la Cámara.

b) Si está en trámite una moción de censura.

c) Si está en trámite el procedimiento previsto en el artículo 155 de la Constitución.

d) Si no disuelve simultáneamente el Congreso de los Diputados.

Respuesta correcta: b) Si está en trámite una moción de censura.

La fundamentación legal de esta pregunta la encontramos en el artículo 115.1.2. de la Constitución Española de 1978:

1. El Presidente del Gobierno, previa deliberación del Consejo de Ministros, y bajo su exclusiva responsabilidad, podrá proponer la disolución del Congreso, del Senado o de las Cortes Generales, que será decretada por el Rey. El decreto de disolución fijará la fecha de las elecciones.

2. La propuesta de disolución no podrá presentarse cuando esté en trámite una moción de censura.

17. Según la Constitución Española, señala la respuesta incorrecta:

a) Los particulares, en los términos establecidos por la ley, tendrán derecho a ser indemnizados por toda lesión que sufran en cualquiera de sus bienes y derechos, salvo en casos de fuerza mayor, siempre que la lesión sea consecuencia del funcionamiento de los servicios públicos.

b) El Presidente del Gobierno, previa deliberación del Consejo de Ministros, y bajo su exclusiva responsabilidad, puede plantear ante el Congreso de los Diputados la propuesta de disolución del Congreso, del Senado o de las Cortes Generales.

c) La responsabilidad criminal del Presidente y los demás miembros del Gobierno será exigible, en su caso, ante la Sala de lo Penal del Tribunal Supremo.

d) La ley regulará la audiencia de los ciudadanos, el acceso de los ciudadanos a los archivos y registros administrativo y el procedimiento a través del cual deben producirse los actos administrativos.

Respuesta correcta: b) El Presidente del Gobierno, previa deliberación del Consejo de Ministros, y bajo su exclusiva responsabilidad, puede plantear ante el Congreso de los Diputados la propuesta de disolución del Congreso, del Senado o de las Cortes Generales.

La fundamentación legal de esta pregunta la encontramos en el artículo 115.1. de la Constitución Española de 1978:

1. El Presidente del Gobierno, previa deliberación del Consejo de Ministros, y bajo su exclusiva responsabilidad, podrá proponer la disolución del Congreso, del Senado o de las Cortes Generales, que será decretada por el Rey. El decreto de disolución fijará la fecha de las elecciones.

18. La moción de censura regulada en la Constitución Española:

a) Obliga a la previa presentación de una cuestión de confianza.

b) Obliga al Gobierno, en caso de prosperar, a la presentación de un nuevo programa político.

c) Se aprueba mediante mayoría simple de los diputados.

d) Exige la inclusión en la misma del nombre del candidato a la Presidencia del Gobierno.

Respuesta correcta: d) Exige la inclusión en la misma del nombre del candidato a la Presidencia del Gobierno.

La fundamentación legal de esta pregunta la encontramos en el artículo 113.2. de la Constitución Española de 1978:

2. La moción de censura deberá ser propuesta al menos por la décima parte de los Diputados, y habrá de incluir un candidato a la Presidencia del Gobierno.

19. Planteada una moción de censura al Gobierno, ¿pueden presentarse otras mociones alternativas?

a) No, por lo menos hasta que se proceda a la votación de aquella.

b) Sí, durante los dos días siguientes a la presentación de aquella.

c) Sí, durante los cinco días siguientes a la presentación de aquella.

d) Sí, sin plazo previsto.

Respuesta correcta: b) Sí, durante los dos días siguientes a la presentación de aquella.

La fundamentación legal de esta pregunta la encontramos en el artículo 113.3. de la Constitución Española de 1978:

3. La moción de censura no podrá ser votada hasta que transcurran cinco días desde su presentación. En los dos primeros días de dicho plazo podrán presentarse mociones alternativas.

20. ¿Cuál de las siguientes funciones no está atribuida al Consejo de Ministros de acuerdo con el artículo 5 de la Ley 50/1997, de 27 de noviembre, del Gobierno?

a) Aprobar los reglamentos para el desarrollo y la ejecución de las leyes, previo dictamen del Consejo de Estado, así como las disposiciones reglamentarias que procedan.

b) Adoptar programas, planes y directrices vinculantes para todos los órganos de la Administración.

c) Proponer al Rey la convocatoria de un referéndum consultivo, previa autorización del Congreso de los Diputados.

d) Declarar los estados de alarma y de excepción, y proponer al Congreso de los Diputados la declaración del estado de sitio.

Respuesta correcta: c) Proponer al Rey la convocatoria de un referéndum consultivo, previa autorización del Congreso de los Diputados.

La fundamentación legal de esta pregunta la encontramos en el artículo 5.1. de la Ley 50/1997, de 27 de noviembre, del Gobierno:

1. Al Consejo de Ministros, como órgano colegiado del Gobierno, le corresponde el ejercicio de las siguientes funciones:

a) Aprobar los proyectos de ley y su remisión al Congreso de los Diputados o, en su caso, al Senado.

b) Aprobar el Proyecto de Ley de Presupuestos Generales del Estado.

c) Aprobar los Reales Decretos-leyes y los Reales Decretos Legislativos.

d) Acordar la negociación y firma de Tratados internacionales, así como su aplicación provisional.

e) Remitir los Tratados internacionales a las Cortes Generales en los términos previstos en los artículos 94 y 96.2 de la Constitución.

f) Declarar los estados de alarma y de excepción y proponer al Congreso de los Diputados la declaración del estado de sitio.

g) Disponer la emisión de Deuda Pública o contraer crédito, cuando haya sido autorizado por una Ley.

h) Aprobar los reglamentos para el desarrollo y la ejecución de las leyes, previo dictamen del Consejo de Estado, así como las demás disposiciones reglamentarias que procedan.

i) Crear, modificar y suprimir los órganos directivos de los Departamentos Ministeriales.

j) Adoptar programas, planes y directrices vinculantes para todos los órganos de la Administración General del Estado.

k) Ejercer cuantas otras atribuciones le confieran la Constitución, las leyes y cualquier otra disposición.

Solución al test n.º 5

1. c) Refrendar, en su caso, los actos del Rey en materia de su competencia.

2. a) El Presidente del Gobierno.

3. b) No puede presentar proyectos de ley.

4. d) Los principios de mérito y capacidad.

5. a) La adopción por mayoría absoluta de la moción de censura.

6. b) La ley regulará el procedimiento a través del cual deben producirse los actos administrativos, garantizando siempre la audiencia del interesado.

7. d) No podrán ejercer otras funciones representativas que las propias del mandato parlamentario, ni cualquier otra función pública que no derive de su cargo, ni actividad profesional o mercantil alguna.

8. a) Ley.

9. c) Si la acusación fuere por traición o por cualquier delito contra la seguridad del Estado en el ejercicio de sus funciones, solo podrá ser planteada por iniciativa de la cuarta parte de los miembros del Congreso, y con la aprobación de la mayoría absoluta del mismo.

10. a) Por el Gobierno mediante decreto acordado en Consejo de Ministros, previa autorización del Congreso de los Diputados.

11. b) El Subsecretario de la Presidencia.

12. a) Mayoría absoluta.

13. b) Serán nombrados y separados por el Rey, a propuesta del Presidente del Gobierno.

14. c) Interponer recursos de inconstitucionalidad.

15. b) El Rey, previa consulta con los representantes designados por los grupos políticos con representación parlamentaria, y a través del Presidente del Congreso de los Diputados.

16. b) Si está en trámite una moción de censura.

17. b) El Presidente del Gobierno, previa deliberación del Consejo de Ministros, y bajo su exclusiva responsabilidad, puede plantear ante el Congreso de los Diputados la propuesta de disolución del Congreso, del Senado o de las Cortes Generales.

18. d) Exige la inclusión en la misma del nombre del candidato a la Presidencia del Gobierno.

19. b) Sí, durante los dos días siguientes a la presentación de aquella.

20. c) Proponer al Rey la convocatoria de un referéndum consultivo, previa autorización del Congreso de los Diputados.

TEST N.º 6

**El Gobierno Abierto: concepto y principios informadores.
La Agenda 2030 y los Objetivos de Desarrollo Sostenible**

1. ¿Desde qué año forma parte España de la Alianza para el Gobierno Abierto (*Open Government Partnership*)?

a) Desde 1997.
b) Desde 2003.
c) Desde 2007.
d) Desde 2011.

2. El Tercer Plan de Gobierno Abierto de España contiene 20 medidas estructuradas en torno a 5 grandes ejes, entre los que NO figura:

a) Publicidad activa.
b) Colaboración.
c) Formación.
d) Rendición de cuentas.

3. Conforme a la Orden HFP/134/2018, de 15 de febrero, por la que se crea el Foro de Gobierno Abierto, ¿cuántos vocales tiene el Foro en representación de las Administraciones Públicas?

a) 8.
b) 16.
c) 32.
d) 64.

4. ¿Cuántos vocales tiene el Foro de Gobierno Abierto en representación de la Real Academia de las Ciencias Morales y Políticas?

a) 2.
b) 4.
c) 6.
d) 8.

5. Señala la respuesta incorrecta. Según el preámbulo de la Ley 19/2013, de 9 de diciembre, de transparencia, acceso a la información pública y buen gobierno, los 3 ejes fundamentales de toda acción política deben ser:

a) La transparencia.
b) La promoción de la Administración electrónica.
c) El acceso a la información pública.
d) Las normas de buen gobierno.

6. ¿En qué año la Asamblea General de la ONU adoptó la Agenda 2030 para el Desarrollo Sostenible?

a) En 2010.
b) En 2012.
c) En 2015.
d) En 2016.

7. ¿Cuántos objetivos de desarrollo sostenible plantea la Agenda 2030?

a) 15.
b) 17.
c) 19.
d) 21.

8. ¿Cuál es el ODS 1 de la Agenda 2030?

a) Poner fin a la pobreza en todas sus formas en todo el mundo.
b) Promover el crecimiento económico sostenido, inclusivo y sostenible, el empleo pleno y productivo y el trabajo decente para todos.
c) Poner fin al hambre, lograr la seguridad alimentaria y la mejora de la nutrición y promover la agricultura sostenible.
d) Adoptar medidas urgentes para combatir el cambio climático y sus efectos.

9. La Conferencia Sectorial para la Agenda 2030 tiene por finalidad el desarrollo de una actuación coordinada en materias relacionadas con el cumplimiento de la Agenda 2030 y la consecución de los Objetivos de Desarrollo Sostenible, de acuerdo con los principios de lealtad institucional, cooperación y:

a) Confidencialidad.
b) Publicidad.
c) Respeto recíproco.
d) Autonomía.

10. Las decisiones adoptadas por la Conferencia Sectorial para la Agenda 2030 que tienen por finalidad expresar la opinión de la Conferencia Sectorial sobre un asunto que se someta a su consulta, revestirán la forma de:

a) Recomendación.
b) Acuerdo.

c) Proposición.
d) Resolución.

11. El objetivo ODS 7 de la Agenda 2030 es garantizar para todos el acceso a una energía asequible, segura, sostenible y:

a) Limpia.
b) Renovable.
c) Barata.
d) Moderna.

12. ¿Qué ODS de la Agenda 2030 pretende promover el crecimiento económico sostenido, inclusivo y sostenible, el empleo pleno y productivo y el trabajo decente para todos?

a) El ODS 4.
b) El ODS 8.
c) El ODS 10.
d) El ODS 13.

13. El objetivo ODS 11 de la Agenda 2030 es lograr que las ciudades y los asentamientos humanos sean inclusivos, seguros, sostenibles y:

a) Democráticos.
b) Autosuficientes.
c) Participativos.
d) Resilientes.

14. El objetivo ODS 16 de la Agenda 2030 propone promover sociedades justas, pacíficas y/e:

a) Inclusivas.
b) Democráticas.
c) Modernas.
d) Desarrolladas.

15. Para poder formar parte de la Alianza para el Gobierno Abierto (OGP), los gobiernos deben desarrollar, en colaboración con la sociedad civil:

a) Una Agenda de Desarrollo Sostenible.
b) Un plan de acción.
c) Un Acuerdo de bases.
d) Una ley de transparencia.

En MADTEST tienes **más preguntas de este tema, comentadas y argumentadas**, y todos tus avances quedan registrados y se reflejan en el ranking.

¡Supera tus límites con MADTEST!

A continuación te presentamos algunos ejemplos de preguntas comentadas:

16. ¿Cuántos compromisos contiene el IV Plan de Gobierno Abierto aprobado en España?

a) Cuatro.
b) Siete.
c) Diez.
d) Catorce.

Respuesta correcta: c) Diez.

El IV Plan de Gobierno Abierto de España 2020-2024 se articula en cinco ejes y contiene diez compromisos, que responden a las demandas realizadas directamente por la ciudadanía y la sociedad civil.

17. ¿A cuál de los siguientes órganos corresponde el impulso, la coordinación y el seguimiento de los planes de acción de Gobierno Abierto de España, así como actuar como punto de contacto con organizaciones internacionales para asuntos relacionados con el Gobierno Abierto?

a) A la Dirección General de Gobernanza Pública.
b) Al Foro de Gobierno Abierto.
c) A la Comisión Sectorial de Gobierno Abierto.
d) A la Comisión Delegada del Gobierno para la Agenda 2030.

Respuesta correcta: a) A la Dirección General de Gobernanza Pública.

Según el artículo 11.1 del *Real Decreto 210/2024, de 7 de febrero, por el que se establece la estructura orgánica básica del Ministerio para la Transformación Digital y de la Función Pública*, corresponde a la DG de Gobernanza Pública:

l) El impulso, la coordinación y el seguimiento de los planes de Gobierno Abierto de los departamentos ministeriales, en iniciativas orientadas al desarrollo de los principios de la transparencia, la participación ciudadana, la rendición de cuentas y la colaboración, así como la programación y ejecución de proyectos sobre la materia, en el ámbito de las competencias de la Dirección General; la promoción de la cooperación entre todas las administraciones públicas en dicho ámbito y servir de punto de contacto de la Administración General del Estado con los organismos internacionales en materia de gobierno abierto, sin perjuicio de las competencias de otros centros directivos por razón de la materia.

18. La Recomendación del Consejo de la OCDE sobre Gobierno Abierto, de 14 de diciembre de 2017, define Gobierno Abierto como:

a) Una cultura de gobernanza centrada en el ciudadano que utiliza herramientas políticas para promover la participación de las partes interesadas, la democracia y el crecimiento inclusivo, con el fin de fomentar la transparencia, la capacidad de respuesta y la rendición de cuentas del gobierno.

b) Una práctica innovadora y sostenible para promover la gobernanza centrada en la transparencia, la capacidad de respuesta y la rendición de cuentas del gobierno con el fin de fomentar la participación de los ciudadanos en la democracia y el crecimiento inclusivo.

c) Una práctica de innovación y sostenibilidad centrada en la democracia y el crecimiento inclusivo para, por medio de políticas de transparencia promover la rendición de cuentas y la participación de los ciudadanos en la gobernanza global.

d) Una cultura de gobernanza centrada en el ciudadano que utiliza herramientas, políticas y prácticas innovadoras y sostenibles para promover la transparencia, la capacidad de respuesta y la rendición de cuentas del gobierno con el fin de fomentar la participación de las partes interesadas soportando la democracia y el crecimiento inclusivo.

Respuesta correcta: d) Una cultura de gobernanza centrada en el ciudadano que utiliza herramientas, políticas y prácticas innovadoras y sostenibles para promover la transparencia, la capacidad de respuesta y la rendición de cuentas del gobierno con el fin de fomentar la participación de las partes interesadas soportando la democracia y el crecimiento inclusivo.

La Recomendación del Consejo de la OCDE sobre Gobierno Abierto, de 14 de diciembre de 2017, define Gobierno Abierto como "una cultura de gobernanza centrada en el ciudadano que utiliza herramientas, políticas y prácticas innovadoras y sostenibles para promover la transparencia, la capacidad de respuesta y la rendición de cuentas del gobierno con el fin de fomentar la participación de las partes interesadas soportando la democracia y el crecimiento inclusivo".

19. ¿Cuántos miembros designa la Federación Española de Municipios y Provincias, en representación de la Administración Local, en la Comisión Sectorial de Gobierno Abierto?

a) Uno.
b) Dos.
c) Tres.
d) Cuatro.

Respuesta correcta: d) Cuatro.

Según el artículo 3.3 de la *Orden HFP/134/2018, de 15 de febrero, por la que se crea el Foro de Gobierno Abierto*, son miembros del Foro en representación de las Administraciones Públicas los siguientes:

– La persona titular de la Dirección General de Gobernanza Pública a la que corresponderá la Vicepresidencia Primera del Foro.

– Ocho vocales en representación de la Administración General del Estado con rango al menos, de Subdirector General, que serán designados por la persona titular de la Secretaría de Estado de Función Pública.

– Un vocal por cada una de las diecisiete Comunidades Autónomas representadas en la Comisión Sectorial de Gobierno Abierto, designados por el órgano, o, en su caso, los órganos competentes de cada una de las Administraciones de las Comunidades Autónomas que, voluntariamente, se incorporen al Foro.

– Un vocal por cada una de las Ciudades Autónomas de Ceuta y de Melilla, que igualmente están representadas en la Comisión Sectorial de Gobierno Abierto, si, voluntariamente, se incorporan al Foro.

– Cuatro vocales, designados por la FEMP en representación de las Entidades de la Administración Local, que, voluntariamente, se incorporen al Foro.

20. ¿Con cuántas vocalías en representación de la sociedad civil cuenta el Consejo de Desarrollo Sostenible?

a) Diez.
b) Veinte.
c) Cuarenta.
d) Sesenta.

Respuesta correcta: d) Sesenta.

Según el apartado Tercero.1 de la *Orden DSA/819/2020, de 3 de septiembre, por la que se regula la composición y funcionamiento del Consejo de Desarrollo Sostenible*, el Consejo estará conformado de la siguiente manera:

– La Presidencia.

– La Vicepresidencia.

– La Secretaría.

Las vocalías en representación de la sociedad civil, en número de sesenta, designadas por la persona titular de la Secretaría de Estado para la Agenda 2030 (actualmente no existe esta Secretaría de Estado).

Solución al test n.º 6

1. d) Desde 2011.

2. a) Publicidad activa.

3. c) 32.

4. b) 4.

5. b) La promoción de la Administración electrónica.

6. c) En 2015.

7. b) 17.

8. a) Poner fin a la pobreza en todas sus formas en todo el mundo.

9. c) Respeto recíproco.

10. a) Recomendación.

11. d) Moderna.

12. b) El ODS 8.

13. d) Resilientes.

14. a) Inclusivas.

15. b) Un plan de acción.

16. c) Diez.

17. a) A la Dirección General de Gobernanza Pública.

18. d) Una cultura de gobernanza centrada en el ciudadano que utiliza herramientas, políticas y prácticas innovadoras y sostenibles para promover la transparencia, la capacidad de respuesta y la rendición de cuentas del gobierno con el fin de fomentar la participación de las partes interesadas soportando la democracia y el crecimiento inclusivo.

19. d) Cuatro.

20. d) Sesenta.

La Ley 19/2013, de 9 de diciembre, de transparencia, acceso a la información pública y buen gobierno

1. A tenor del artículo 2.1 de la Ley 19/2013, es cierto que las disposiciones del Título I son de aplicación a:

a) Las entidades gestoras y los servicios comunes de la Seguridad Social, pero no a las mutuas de accidentes de trabajo y enfermedades profesionales colaboradoras de la Seguridad Social.
b) Las corporaciones de Derecho Público, en relación con todas sus actividades.
c) Los organismos autónomos, las Agencias Estatales, las entidades públicas empresariales y las entidades de Derecho Público que, con independencia funcional o con una especial autonomía reconocida por la ley, tengan atribuidas funciones de regulación o supervisión de carácter externo sobre un determinado sector o actividad.
d) Las sociedades mercantiles.

2. Señala la respuesta incorrecta. Lo dispuesto en el Capítulo II (publicidad activa) del Título I (transparencia de la actividad pública) de la Ley 19/2013 es de aplicación:

a) A los sindicatos.
b) A los partidos políticos.
c) A las organizaciones empresariales.
d) A las comunidades de propietarios.

3. A tenor del artículo 3 de la Ley 19/2013, ¿qué parte de esta ley es de aplicación a los partidos políticos?

a) El Título I, referido a la transparencia de la actividad pública.
b) Del Título I, el Capítulo III referido al derecho de acceso a la información pública.
c) La ley en su totalidad.
d) Del Título I, el Capítulo II, referido a la publicidad activa.

4. En virtud del artículo 5.3 de la Ley 19/2013, cuando la información pública contuviera datos especialmente protegidos, la publicidad solo se llevará a cabo:

a) Previa disociación de los mismos.
b) Previo consentimiento de los afectados.
c) De forma personalizada.
d) De forma codificada.

5. Según el artículo 5.4 de la Ley 19/2013, la información sujeta a las obligaciones de transparencia será publicada en las correspondientes sedes electrónicas o páginas web y de una manera clara, estructurada y entendible para los interesados y, preferiblemente:

a) En formatos reutilizables.
b) En diferentes idiomas.
c) En la página de inicio.
d) Codificada.

6. En relación con la información sujeta a las obligaciones de transparencia, el artículo 5.4 de la Ley 19/2013 señala que se establecerán los mecanismos adecuados para facilitar la accesibilidad, la interoperabilidad, la calidad y la reutilización de la información publicada así como su identificación y:

a) Temporalidad.
b) Localización.
c) Estructura.
d) Conservación.

7. Por el artículo 5.4 de la Ley 19/2013 se permite que el cumplimiento de las obligaciones derivadas de esta ley se realice utilizando los medios electrónicos puestos a su disposición por la Administración Pública de la que provenga la mayor parte de las ayudas o subvenciones públicas percibidas, a:

a) Las entidades sin ánimo de lucro.
b) Las entidades sin ánimo de lucro que persigan exclusivamente fines de interés social o cultural.
c) A cualquier entidad sin ánimo de lucro que contenga entre sus fines, fines de interés social o cultural.
d) Entidades sin ánimo de lucro que persigan exclusivamente fines de interés social o cultural y cuyo presupuesto sea inferior a 50.000 euros.

8. Conforme al artículo 6.1 de la Ley 19/2013, los sujetos comprendidos en el ámbito de aplicación del Título I publicarán información relativa a las funciones que desarrollan, la normativa que les sea aplicable así como a su estructura organizativa. A estos efectos, para identificar a los responsables de los diferentes órganos y su perfil y trayectoria profesional, deberán incluir:

a) Los currículos de los órganos directivos unipersonales.
b) Las declaraciones de bienes de los órganos directivos.

c) Un organigrama actualizado.
d) La relación de puestos directivos.

9. En relación con la información institucional, organizativa y de planificación, el artículo 6 de la Ley 19/2013 dispone que:

a) Todos los empleados públicos deberán publicar información relativa a las funciones que desarrollan.
b) Las Administraciones Públicas publicarán los planes y programas anuales y plurianuales en los que se fijen objetivos concretos, así como las actividades, medios y tiempo previsto para su consecución.
c) El grado de cumplimiento y resultados de los planes y programas anuales y plurianuales de las Administraciones Públicas en los que se fijen objetivos concretos deberán ser objeto de evaluación y publicación periódica junto con los indicadores de medida y valoración, en la forma en que se determine por la Administración General del Estado.
d) En el ámbito de la Administración General del Estado corresponde a las secretarías generales la evaluación del cumplimiento de estos planes y programas.

10. Conforme al artículo 6 bis de la Ley 19/2013, ¿cuál de las siguientes categorías de responsables o encargados deberán hacer público un inventario de sus actividades de tratamiento de datos de carácter personal accesible por medios electrónicos?

a) Los consorcios.
b) Los bancos y las cajas de ahorros.
c) Las universidades privadas.
d) Los sindicatos.

11. En relación con la información de relevancia jurídica, el artículo 7 de la Ley 19/2013 señala que las Administraciones Públicas, en el ámbito de sus competencias, publicarán los documentos:

a) Que deriven de consultas planteadas por los particulares.
b) Que, conforme a la legislación sectorial vigente, deban ser sometidos a un periodo de información pública durante su tramitación.
c) Que contengan memorias o informes.
d) Cuya iniciativa les corresponda.

12. Según el artículo 8.1 de la Ley 19/2013, la información relativa a los contratos menores:

a) Deberá realizarse mensualmente.
b) Deberá realizarse trimestralmente.
c) Podrá realizarse trimestralmente.
d) Podrá realizarse semestralmente.

13. Señala la respuesta incorrecta. Conforme al artículo 8 de la Ley 19/2013, los sujetos incluidos en el ámbito de aplicación del Título I deberán hacer públicas las subvenciones y ayudas públicas concedidas con indicación de:

a) Su objetivo o finalidad.
b) Su importe.
c) Los beneficiarios.
d) El procedimiento utilizado para su concesión.

14. Según el artículo 9.1 de la Ley 19/2013, el cumplimiento por la Administración General del Estado de las obligaciones de publicidad activa será objeto de control por parte de:

a) El Ministerio competente en materia de Administraciones Públicas.
b) El Defensor del Pueblo.
c) El Consejo de Transparencia y Buen Gobierno.
d) La Inspección de Servicios.

15. A los efectos de aplicación a sus responsables del régimen disciplinario previsto en la correspondiente normativa reguladora, el incumplimiento reiterado de las obligaciones de publicidad activa tendrá la consideración de:

a) Infracción leve.
b) Infracción grave.
c) Infracción muy grave.
d) Infracción grave o muy grave.

En MADTEST tienes **más preguntas de este tema, comentadas y argumentadas**, y todos tus avances quedan registrados y se reflejan en el ranking.

¡Supera tus límites con MADTEST!

A continuación te presentamos algunos ejemplos de preguntas comentadas:

16. ¿Qué define el artículo 13 de la Ley 19/2013 como los contenidos o documentos, cualquiera que sea su formato o soporte, que obren en poder de alguno de los sujetos incluidos en el ámbito de aplicación del Título I y que hayan sido elaborados o adquiridos en el ejercicio de sus funciones?

a) La información pública.
b) La publicidad activa.

c) La información de relevancia jurídica.
d) La información general.
Respuesta correcta: a) La información pública.

Según el artículo 13 de la Ley 19/2013, se entiende por información pública los contenidos o documentos, cualquiera que sea su formato o soporte, que obren en poder de alguno de los sujetos incluidos en el ámbito de aplicación de este título y que hayan sido elaborados o adquiridos en el ejercicio de sus funciones.

17. Señala la respuesta incorrecta. La aplicación de los límites al derecho de acceso a la información pública:

a) Deberá ser justificada.
b) Será proporcionada a su objeto y finalidad de protección.
c) Atenderá a las circunstancias del caso concreto.
d) Se deberá, necesariamente, a la concurrencia de un interés público.

Respuesta correcta: d) Se deberá, necesariamente, a la concurrencia de un interés público.

Según el artículo 14.2 de la Ley 19/2013, la aplicación de los límites será justificada y proporcionada a su objeto y finalidad de protección y atenderá a las circunstancias del caso concreto, especialmente a la concurrencia de un interés público o privado superior que justifique el acceso.

18. A menos que el afectado hubiese hecho manifiestamente públicos los datos con anterioridad a que se solicitase el acceso, el acceso únicamente se podrá autorizar en caso de que se contase con el consentimiento expreso y por escrito del afectado, cuando:

a) La información contuviera datos personales que revelen la ideología, afiliación sindical, religión o creencias.
b) La información incluyese datos personales que hagan referencia al origen racial, a la salud o a la vida sexual.
c) La información contuviera datos relativos a la comisión de infracciones penales o administrativas que no conllevasen la amonestación pública al infractor.
d) La información incluyese datos genéticos o biométricos.

Respuesta correcta: a) La información contuviera datos personales que revelen la ideología, afiliación sindical, religión o creencias.

Según el primer párrafo del artículo 15.1 de la Ley 19/2013, si la información solicitada contuviera datos personales que revelen la ideología, afiliación sindical, religión o creencias, el acceso únicamente se podrá autorizar en caso de que se contase con el consentimiento expreso y por escrito del afectado, a menos que dicho afectado hubiese hecho manifiestamente públicos los datos con anterioridad a que se solicitase el acceso.

19. Si la información pública solicitada incluyese datos personales que hagan referencia a la salud:

a) Solo se concederá el acceso previa ponderación suficientemente razonada del interés público en la divulgación de la información y los derechos de los afectados cuyos datos aparezcan en la información solicitada.

b) Solo podrá autorizarse el acceso al propio afectado o a su representante.

c) Solo se podrá autorizar el acceso en caso de que se cuente con el consentimiento expreso del afectado.

d) Solo se podrá autorizar el acceso en caso de que se cuente con el consentimiento expreso del afectado o si el acceso estuviera amparado por una norma con rango de ley.

Respuesta correcta: d) Solo se podrá autorizar el acceso en caso de que se cuente con el consentimiento expreso del afectado o si el acceso estuviera amparado por una norma con rango de ley.

Según el segundo párrafo del artículo 15.1 de la Ley 19/2013, si la información incluyese datos personales que hagan referencia al origen racial, a la salud o a la vida sexual, incluyese datos genéticos o biométricos o contuviera datos relativos a la comisión de infracciones penales o administrativas que no conllevasen la amonestación pública al infractor, el acceso solo se podrá autorizar en caso de que se cuente con el consentimiento expreso del afectado o si aquel estuviera amparado por una norma con rango de ley.

20. En relación con la solicitud de acceso a la información pública, es cierto que:

a) Los solicitantes de información podrán dirigirse a las Administraciones Públicas en cualquiera de las lenguas cooficiales del Estado en el territorio en el que radique la Administración en cuestión.

b) El solicitante está obligado a motivar su solicitud de acceso a la información.

c) El solicitante podrá exponer los motivos por los que solicita la información, en cuyo caso deberán ser tenidos en cuenta cuando se dicte la resolución.

d) La ausencia de motivación será por sí sola causa de rechazo de la solicitud.

Respuesta correcta: a) Los solicitantes de información podrán dirigirse a las Administraciones Públicas en cualquiera de las lenguas cooficiales del Estado en el territorio en el que radique la Administración en cuestión.

Según el artículo 17.4 de la Ley 19/2013, los solicitantes de información podrán dirigirse a las Administraciones Públicas en cualquiera de las lenguas cooficiales del Estado en el territorio en el que radique la Administración en cuestión.

Solución al test n.º 7

1. c) Los organismos autónomos, las Agencias Estatales, las entidades públicas empresariales y las entidades de Derecho Público que, con independencia funcional o con una especial autonomía reconocida por la ley, tengan atribuidas funciones de regulación o supervisión de carácter externo sobre un determinado sector o actividad.

2. d) A las comunidades de propietarios.

3. d) Del Título I, el Capítulo II, referido a la publicidad activa.

4. a) Previa disociación de los mismos.

5. a) En formatos reutilizables.

6. b) Localización.

7. d) Entidades sin ánimo de lucro que persigan exclusivamente fines de interés social o cultural y cuyo presupuesto sea inferior a 50.000 euros.

8. c) Un organigrama actualizado.

9. b) Las Administraciones Públicas publicarán los planes y programas anuales y plurianuales en los que se fijen objetivos concretos, así como las actividades, medios y tiempo previsto para su consecución.

10. a) Los consorcios.

11. b) Que, conforme a la legislación sectorial vigente, deban ser sometidos a un período de información pública durante su tramitación.

12. c) Podrá realizarse trimestralmente.

13. d) El procedimiento utilizado para su concesión.

14. c) El Consejo de Transparencia y Buen Gobierno.

15. b) Infracción grave.

16. a) La información pública.

17. d) Se deberá, necesariamente, a la concurrencia de un interés público.

18. a) La información contuviera datos personales que revelen la ideología, afiliación sindical, religión o creencias.

19. d) Solo se podrá autorizar el acceso en caso de que se cuente con el consentimiento expreso del afectado o si el acceso estuviera amparado por una norma con rango de ley.

20. a) Los solicitantes de información podrán dirigirse a las Administraciones Públicas en cualquiera de las lenguas cooficiales del Estado en el territorio en el que radique la Administración en cuestión.

TEST N.º 8

**La Administración General del Estado. Órganos centrales.
Órganos superiores y órganos directivos. Órganos territoriales.
Otros órganos administrativos.
La Administración del Estado en el exterior**

1. ¿Qué Título de la Ley 40/2015, de 1 de octubre, de Régimen Jurídico del Sector Público (LRJSP) regula la Administración General del Estado?

a) Título Preliminar.
b) Título I.
c) Título II.
d) Título III.

2. Según el artículo 3.1 de la LRJSP, las Administraciones Públicas sirven los intereses generales:

a) Con objetividad.
b) Bajo el imperio de la ley.
c) Con respeto al ordenamiento jurídico.
d) Bajo los criterios de buen gobierno.

3. Según el artículo 3.1 de la LRJSP, las Administraciones Públicas actúan de acuerdo, entre otros, con el principio de:

a) Centralización.
b) Igualdad.
c) Concentración.
d) Jerarquía.

4. Según el artículo 3.1 de la LRJSP, las Administraciones Públicas deben a la Constitución, a la Ley y al Derecho:

a) Sometimiento pleno.
b) Respeto.

c) Adecuación y cumplimiento.
d) Protección y apoyo.

5. Es correcto que, según el artículo 3.1 de la LRJSP, las Administraciones Públi-cas respetarán en su actuación y relaciones el principio de:

a) Buena fe, confianza institucional y lealtad legítima.
b) Simplicidad, objetividad y transparencia con los ciudadanos.
c) Planificación, dirección, control y evaluación de los objetivos fijados.
d) Economía, suficiencia y adecuación estricta de los medios a los fines institucionales.

6. Conforme al artículo 54.1 de la LRJSP, la Administración General del Estado actúa y se organiza de acuerdo con los principios establecidos en el artículo 3, así como los de:

a) Descentralización territorial y desconcentración funcional y territorial.
b) Descentralización funcional y desconcentración funcional y territorial.
c) Descentralización funcional y territorial y desconcentración territorial.
d) Descentralización funcional y territorial y desconcentración funcional.

7. Conforme al artículo 55.1 de la LRJSP, la organización de la Administración General del Estado responde a los principios de:

a) División funcional en Departamentos ministeriales y de gestión territorial integrada en Delegaciones del Gobierno en las Comunidades Autónomas, salvo las excepciones previstas por esta ley.
b) División territorial en Departamentos ministeriales y de gestión funcional integra-da en Delegaciones del Gobierno en las Comunidades Autónomas, salvo las excepciones previstas por esta ley.
c) Gestión territorial integrada en Departamentos ministeriales y de división funcional en Delegaciones del Gobierno en las Comunidades Autónomas, salvo las excepciones previstas por esta ley.
d) División funcional integrada en Delegaciones del Gobierno en las Comunidades Autónomas, y de gestión funcional en Departamentos ministeriales, salvo las excepcio-nes previstas por esta ley.

8. No es correcto, según el artículo 55.2 de la LRJSP, que la Administración Gene-ral del Estado comprenda:

a) La Organización Territorial.
b) La Administración General del Estado en el exterior.
c) La Administración Local.
d) La Organización Central.

9. Son órganos directivos en la organización de la Administración General del Estado en el exterior:

a) Los Delegados del Gobierno.
b) Los Subdirectores Generales.
c) Los Subsecretarios.
d) Los embajadores.

10. Conforme al artículo 55 de la LRJSP, de los siguientes, son órganos superiores en la Administración General del Estado:

a) Los Consejeros.
b) Los Delegados del Gobierno en las Comunidades Autónomas.
c) Los Secretarios de Estado.
d) Los Embajadores.

11. La condición de alto cargo en la Administración General del Estado abarca:

a) Únicamente a los órganos superiores.
b) A los órganos superiores y a los órganos directivos.
c) A los órganos superiores y a los órganos directivos de la organización central.
d) A Los órganos superiores y directivos, excepto los Subdirectores generales y asimilados.

12. En la Administración General del Estado, tienen rango de Subsecretario:

a) Los Secretarios Generales Técnicos.
b) Los Directores Generales.
c) Los Delegados del Gobierno en las Comunidades Autónomas.
d) Los Subdirectores Generales.

13. Según el artículo 55.8 de la LRJSP, los órganos directivos de los Organismos públicos son:

a) Los Consejeros y los Consejeros Delegados.
b) Los Presidentes y los Directores Ejecutivos.
c) Los Directores Generales.
d) Los que determinen sus propios Estatutos.

14. De los siguientes órganos de la Administración General del Estado, correspondería establecer los planes de actuación de la organización situada bajo su responsabilidad:

a) A los Directores Generales.
b) A los Secretarios de Estado.

c) A los Delegados del Gobierno en las Comunidades Autónomas.
d) A los Embajadores.

15. En la Administración General del Estado, tienen rango de Subdirector General:

a) Los Delegados del Gobierno en las Comunidades Autónomas.
b) Los Embajadores.
c) Los Secretarios Generales Técnicos.
d) Los Subdelegados del Gobierno en las provincias.

En MADTEST tienes **más preguntas de este tema, comentadas y argumentadas**, y todos tus avances quedan registrados y se reflejan en el ranking.

¡Supera tus límites con MADTEST!

A continuación te presentamos algunos ejemplos de preguntas comentadas:

16. En relación con las unidades administrativas, es cierto, según el artículo 56 de la LRJSP, que:

a) Los jefes de las unidades administrativas son responsables del correcto funcionamiento de estas y de la adecuada ejecución de las tareas asignadas a las mismas.
b) Las unidades comprenden puestos de trabajo o dotaciones de plantilla vinculados orgánicamente por razón de sus cometidos y funcionalmente por una jefatura común.
c) Las unidades administrativas no son agrupables en unidades administrativas complejas.
d) Las unidades administrativas se establecen mediante las correspondientes leyes de presupuestos.

Respuesta correcta: a) Los jefes de las unidades administrativas son responsables del correcto funcionamiento de estas y de la adecuada ejecución de las tareas asignadas a las mismas.
Según el artículo 56.2 de la LRJSP, los jefes de las unidades administrativas son responsables del correcto funcionamiento de la unidad y de la adecuada ejecución de las tareas asignadas a la misma.

17. Conforme al artículo 55.11 de la LRJSP, los titulares de los órganos superiores y directivos son nombrados atendiendo a criterios:

a) De antigüedad.
b) De igualdad, mérito y capacidad.

c) De competencia profesional y experiencia.
d) De confianza.

Respuesta correcta: c) De competencia profesional y experiencia.

Según el artículo 55.11 de la LRJSP, sin perjuicio de lo previsto en la Ley 3/2015, de 30 de marzo, reguladora del ejercicio del alto cargo de la Administración General del Estado, los titulares de los órganos superiores y directivos son nombrados, atendiendo a criterios de competencia profesional y experiencia, en la forma establecida en esta Ley.

18. Es el nombre actual de un Ministerio:

a) Ministerio de Fomento.
b) Ministerio de Administraciones Públicas.
c) Ministerio de Trabajo y Economía Social.
d) Ministerio de Economía y Hacienda.

Respuesta correcta: c) Ministerio de Trabajo y Economía Social.

Según el artículo 1 del *Real Decreto 829/2023, de 20 de noviembre, por el que se reestructuran los departamentos ministeriales*, la Administración General del Estado se estructura en los siguientes departamentos ministeriales:

– Ministerio de Asuntos Exteriores, Unión Europea y Cooperación.

– Ministerio de la Presidencia, Justicia y Relaciones con las Cortes.

– Ministerio de Defensa.

– Ministerio de Hacienda.

– Ministerio del Interior.

– Ministerio de Transportes y Movilidad Sostenible.

– Ministerio de Educación, Formación Profesional y Deportes.

– **Ministerio de Trabajo y Economía Social**.

– Ministerio de Industria y Turismo.

– Ministerio de Agricultura, Pesca y Alimentación.

– Ministerio de Política Territorial y Memoria Democrática.

– Ministerio para la Transición Ecológica y el Reto Demográfico.

– Ministerio de Vivienda y Agenda Urbana.

– Ministerio de Cultura.

– Ministerio de Economía, Comercio y Empresa.

– Ministerio de Sanidad.

– Ministerio de Derechos Sociales, Consumo y Agenda 2030.

– Ministerio de Ciencia, Innovación y Universidades.

– Ministerio de Igualdad.

– Ministerio de Inclusión, Seguridad Social y Migraciones.

– Ministerio para la Transformación Digital y de la Función Pública.

19. Por Real Decreto del Consejo de Ministros:

a) Se crean las Subsecretarías.
b) Se establece la denominación de las Secretarías de Estado.
c) Se determina el número de Ministerios.
d) Se crean los órganos de nivel inferior a Subdirección General.

Respuesta correcta: a) Se crean las Subsecretarías.

Según el artículo 59.1 de la LRJSP, las Subsecretarías, las Secretarías Generales, las Secretarías Generales Técnicas, las Direcciones Generales, las Subdirecciones Generales, y órganos similares a los anteriores se crean, modifican y suprimen por Real Decreto del Consejo de Ministros, a iniciativa del Ministro interesado y a propuesta del Ministro de Hacienda y Administraciones Públicas (actualmente Ministerio para la Transformación Digital y de la Función Pública).

20. En relación con la organización interna de los Ministerios, el artículo 58 de la LRJSP establece que:

a) Los Ministerios contarán, en todo caso, con una Secretaría de Estado.
b) En los Ministerios pueden existir Subsecretarías y Secretarías Generales Técnicas para la gestión de un sector de actividad administrativa.
c) Las Direcciones Generales son los órganos de gestión de una o varias áreas funcionalmente homogéneas.
d) Para la gestión de los servicios comunes, los Ministerios contarán con Subdirecciones Generales.

Respuesta correcta: c) Las Direcciones Generales son los órganos de gestión de una o varias áreas funcionalmente homogéneas.

Según el artículo 58.3 de la LRJSP, las Direcciones Generales son los órganos de gestión de una o varias áreas funcionalmente homogéneas.

Solución al test n.º 8

1. b) Título I.

2. a) Con objetividad.

3. d) Jerarquía.

4. a) Sometimiento pleno.

5. d) Economía, suficiencia y adecuación estricta de los medios a los fines institucionales.

6. b) Descentralización funcional y desconcentración funcional y territorial.

7. a) División funcional en Departamentos ministeriales y de gestión territorial integrada en Delegaciones del Gobierno en las Comunidades Autónomas, salvo las excepciones previstas por esta ley.

8. c) La Administración Local.

9. d) Los embajadores.

10. c) Los Secretarios de Estado.

11. d) A Los órganos superiores y directivos, excepto los Subdirectores generales y asimilados.

12. c) Los Delegados del Gobierno en las Comunidades Autónomas.

13. d) Los que determinen sus propios Estatutos.

14. b) A los Secretarios de Estado.

15. d) Los Subdelegados del Gobierno en las provincias.

16. a) Los jefes de las unidades administrativas son responsables del correcto funcionamiento de estas y de la adecuada ejecución de las tareas asignadas a las mismas.

17. c) De competencia profesional y experiencia.

18. c) Ministerio de Trabajo y Economía Social.

19. a) Se crean las Subsecretarías.

20. c) Las Direcciones Generales son los órganos de gestión de una o varias áreas funcionalmente homogéneas.

La Organización territorial del Estado: las Comunidades Autónomas: Constitución y distribución de competencias entre el Estado y las Comunidades Autónomas. La Administración local: entidades que la integran. La provincia, el municipio y la isla

1. La determinación de la hora en el archipiélago canario es competencia:

a) Exclusiva del Estado.
b) Compartida de la Comunidad Autónoma y el Estado.
c) Propia de la Unión Europea.
d) Exclusiva de la Comunidad Autónoma.

2. La federación de Comunidades Autónomas:

a) Podrá ser autorizada por las Cortes Generales por motivos de interés nacional.
b) No se admitirán en caso alguno, aunque sí la confederación de Comunidades Autónomas.
c) Se autorizará sí así lo deciden las Cortes Generales por mayoría absoluta.
d) No se admitirá en ningún caso.

3. Según el artículo 153 de la CE, el control de la actividad de los órganos de las Comunidades Autónomas no se ejercerá por:

a) El Tribunal Constitucional.
b) El Congreso de los Diputados.
c) El Tribunal de Cuentas.
d) La Jurisdicción Contencioso-Administrativa.

4. Señala la respuesta correcta:

a) Las diferencias entre los Estatutos de las distintas Comunidades Autónomas no podrán implicar privilegios económicos o sociales.
b) Cualquier autoridad podrá adoptar medidas que directa o indirectamente obstaculicen la libertad de circulación y establecimiento de las personas y la libre circulación de bienes en todo el territorio español.

c) El Estado se organiza territorialmente en municipios, en provincias y en las islas que se constituyan.

d) Todas son correctas.

5. ¿Cómo ha de ser aprobada cualquier alteración de los límites provinciales, según la Constitución?

a) Por Ley de la Asamblea de la Comunidad respectiva.

b) Mediante una Ley de Bases.

c) Mediante Ley Orgánica y por el Congreso.

d) Mediante Ley Orgánica y por las Cortes Generales.

6. La reforma de un Estatuto, según el artículo 147 de la CE se ajustará, ¿a qué procedimiento?

a) Al establecido en la Constitución.

b) Al establecido en el Estatuto.

c) Al establecido por las Cortes Generales.

d) Son correctas a) y b).

7. ¿A quién corresponde la iniciativa del proceso autonómico si un territorio insular quiere ejercer su derecho a la autonomía?

a) Al órgano interinsular correspondiente y a las 3/4 partes de los municipios cuya población represente, al menos, la mayoría del censo electoral de la isla.

b) A la Diputación provincial y a las 2/3 partes de los municipios cuya población represente, al menos, la mayoría del censo electoral de la isla.

c) A las Cortes Generales.

d) Ninguna es correcta.

8. ¿Quién elabora el proyecto de Estatuto según el artículo 146 de la CE?

a) Las Cortes Generales que lo tramitarán como ley.

b) Una asamblea compuesta por los miembros de la Diputación u órgano interinsular de las provincias afectadas y por los diputados y senadores elegidos en ellas.

c) Los Gobiernos de las provincias afectadas y los diputados y senadores elegidos en ellas.

d) Ninguna es correcta.

9. Si una Comunidad Autónoma no cumpliere las obligaciones que la Constitución u otras leyes le impongan, o actuare de forma que atente gravemente al interés general de España:

a) Las Cortes, previo requerimiento al Presidente de la Comunidad Autónoma y en el caso de no ser atendido, con la aprobación por mayoría absoluta del Congreso, podrá adoptar las medidas necesarias para obligar a aquella al cumplimiento forzoso de dichas obligaciones o para la protección del mencionado interés general.

b) El Presidente del Gobierno, previo requerimiento al Presidente de la Comunidad Autónoma y, en el caso de no ser atendido, con la aprobación por mayoría absoluta de las Cortes Generales, podrá adoptar las medidas necesarias para obligar a aquella al cumplimiento forzoso de dichas obligaciones o para la protección del mencionado interés general.

c) El Gobierno, previo requerimiento al Presidente de la Comunidad Autónoma y, en el caso de no ser atendido, con la aprobación por mayoría absoluta del Senado, podrá adoptar las medidas necesarias para obligar a aquella al cumplimiento forzoso de dichas obligaciones o para la protección del mencionado interés general.

d) Ninguna es correcta.

10. El Estado tiene competencia exclusiva en:

a) La legislación sobre propiedad intelectual e industrial.
b) Los montes y aprovechamientos forestales.
c) La asistencia social.
d) Todas son correctas.

11. La iniciativa del proceso autonómico corresponde, según el artículo 143 de la CE:

a) A todos los municipios interesados.
b) A una tercera parte de los municipios cuya población represente, al menos, la mayoría absoluta del censo electoral de cada provincia.
c) Al órgano interinsular correspondiente y a las dos terceras partes de los municipios cuya población represente, al menos, la mayoría del censo electoral de cada provincia o isla.
d) A todos ellos.

12. El Estado y las Comunidades Autónomas, en el ejercicio de sus respectivas competencias:

a) No podrán delegar competencias en los municipios.
b) Pueden delegar el ejercicio de sus competencias cuando se lo autorice el gobierno.
c) Pueden delegar en los municipios el ejercicio de sus competencias, siempre que se trate de un municipio de gran población.
d) Podrán delegar en los municipios el ejercicio de sus competencias.

13. El municipio y la provincia:

a) Tienen personalidad jurídica y plena capacidad para el cumplimiento de sus fines.
b) No tienen personalidad jurídica, pero sí capacidad para el cumplimiento de sus fines.
c) Tienen personalidad jurídica y necesitan supervisión de la autorizada autonómica para el cumplimiento de sus fines.
d) Tienen la misma capacidad y personalidad jurídica plena.

14. El plazo de cumplimiento de requisitos del proceso de iniciativa en el artículo 143 de la CE:

a) Siempre será de seis meses.
b) Puede ser inferior a seis meses.
c) El plazo de exposición mínimo, es de seis meses.
d) No se establece ningún plazo.

15. De acuerdo con el principio de supletoriedad previsto en el artículo 149.3 de la CE, el derecho estatal será:

a) Nunca supletorio del derecho de las Comunidades Autónomas.
b) En todo caso, supletorio del derecho de las Comunidades Autónomas.
c) Supletorio del derecho de las Comunidades Autónomas, pero únicamente en lo que no esté atribuido a la exclusiva competencia de estas.
d) Ninguna es correcta.

En MADTEST tienes **más preguntas de este tema, comentadas y argumentadas**, y todos tus avances quedan registrados y se reflejan en el ranking.

¡Supera tus límites con MADTEST!

A continuación te presentamos algunos ejemplos de preguntas comentadas:

16. Según el artículo 142 de la CE, las Haciendas Locales se nutrirán:

a) Exclusivamente de tributos propios y de participación en los del Estado.
b) Fundamentalmente de tributos propios y de participación en los del Estado y de las Comunidades Autónomas.
c) Exclusivamente de tributos propios y de participación en los del Estado y de las Comunidades Autónomas.
d) Excepcionalmente de tributos propios y de participación en los del Estado y de las Comunidades Autónomas.

Respuesta correcta: b) Fundamentalmente de tributos propios y de participación en los del Estado y de las Comunidades Autónomas.

La fundamentación legal de esta pregunta la encontramos en el artículo 142 de la Constitución Española de 1978:

Las Haciendas locales deberán disponer de los medios suficientes para el desempeño de las funciones que la ley atribuye a las Corporaciones respectivas y se nutrirán fundamentalmente de tributos propios y de participación en los del Estado y de las Comunidades Autónomas.

17. Según el artículo 149.1.18 de la CE, las bases del procedimiento administrativo común:

a) Es una competencia exclusiva del Estado.
b) Es una competencia exclusiva del Estado, que puede ser desarrollada por las Comunidades Autónomas de acuerdo con la normativa estatal.
c) Es una competencia compartida entre el Estado y las Comunidades Autónomas.
d) Es competencia exclusiva autonómica.

Respuesta correcta: a) Es una competencia exclusiva del Estado.

La fundamentación legal de esta pregunta la encontramos en el artículo 149.1.18ª de la Constitución Española de 1978:

1. El Estado tiene competencia exclusiva sobre las siguientes materias:

….

18.ª Las bases del régimen jurídico de las Administraciones públicas y del régimen estatutario de sus funcionarios que, en todo caso, garantizarán a los administrados un tratamiento común ante ellas; el procedimiento administrativo común, sin perjuicio de las especialidades derivadas de la organización propia de las Comunidades Autónomas; legislación sobre expropiación forzosa; legislación básica sobre contratos y concesiones administrativas y el sistema de responsabilidad de todas las Administraciones públicas.

18. La potestad originaria para establecer tributos corresponde:

a) Al Estado, exclusivamente.
b) Al Estado y a las Comunidades Autónomas.
c) A todas las entidades de carácter territorial.
d) A todas las Administraciones Públicas.

Respuesta correcta: a) Al Estado, exclusivamente.

La fundamentación legal de esta pregunta la encontramos en el artículo 133.1. de la Constitución Española de 1978:

1. La potestad originaria para establecer los tributos corresponde exclusivamente al Estado, mediante ley.

19. La protección del medio natural:

a) Es una competencia obligatoria de los municipios de gran población.
b) Es una competencia propia de los municipios de más de 20.000 habitantes.
c) Es una competencia delegable por la Administración del Estado y la de las Comunidades Autónomas.
d) Ninguna es correcta.

Respuesta correcta: c) Es una competencia delegable por la Administración del Estado y la de las Comunidades Autónomas.

La fundamentación legal de esta pregunta la encontramos en el artículo 27.3. de la Ley 7/1985, de 2 de abril, reguladora de las bases del régimen local:

3. Con el objeto de evitar duplicidades administrativas, mejorar la transparencia de los servicios públicos y el servicio a la ciudadanía y, en general, contribuir a los procesos de racionalización administrativa, generando un ahorro neto de recursos, la Administración del Estado y las de las Comunidades Autónomas podrán delegar, siguiendo criterios homogéneos, entre otras, las siguientes competencias:

…

b) Protección del medio natural.

20. De conformidad con lo establecido en el artículo 148 de la CE, las Comunidades Autónomas podrán asumir competencias en las siguientes materias:

a) La agricultura y ganadería, de acuerdo con la ordenación general de la economía.
b) Ferias internacionales.
c) Fomento y coordinación general de la investigación científica y técnica.
d) Todas son correctas.

Respuesta correcta: a) La agricultura y ganadería, de acuerdo con la ordenación general de la economía.

La fundamentación legal de esta pregunta la encontramos en el artículo 148.1.7ª de la Constitución Española de 1978:

1. Las Comunidades Autónomas podrán asumir competencias en las siguientes materias:

….

7.ª La agricultura y ganadería, de acuerdo con la ordenación general de la economía.

Solución al test n.º 9

1. a) Exclusiva del Estado.

2. d) No se admitirá en ningún caso.

3. b) El Congreso de los Diputados.

4. a) Las diferencias entre los Estatutos de las distintas Comunidades Autónomas no podrán implicar privilegios económicos o sociales.

5. d) Mediante Ley Orgánica y por las Cortes Generales.

6. b) Al establecido en el Estatuto.

7. d) Ninguna es correcta.

8. b) Una asamblea compuesta por los miembros de la Diputación u órgano interinsular de las provincias afectadas y por los diputados y senadores elegidos en ellas.

9. c) El Gobierno, previo requerimiento al Presidente de la Comunidad Autónoma y, en el caso de no ser atendido, con la aprobación por mayoría absoluta del Senado, podrá adoptar las medidas necesarias para obligar a aquella al cumplimiento forzoso de dichas obligaciones o para la protección del mencionado interés general.

10. a) La legislación sobre propiedad intelectual e industrial.

11. c) Al órgano interinsular correspondiente y a las dos terceras partes de los municipios cuya población represente, al menos, la mayoría del censo electoral de cada provincia o isla.

12. d) Podrán delegar en los municipios el ejercicio de sus competencias.

13. a) Tienen personalidad jurídica y plena capacidad para el cumplimiento de sus fines.

14. b) Puede ser inferior a seis meses.

15. b) En todo caso, supletorio del derecho de las Comunidades Autónomas.

16. b) Fundamentalmente de tributos propios y de participación en los del Estado y de las Comunidades Autónomas.

17. a) Es una competencia exclusiva del Estado.

18. a) Al Estado, exclusivamente.

19. c) Es una competencia delegable por la Administración del Estado y la de las Comunidades Autónomas.

20. a) La agricultura y ganadería, de acuerdo con la ordenación general de la economía.

TEST N.º 10

La organización de la Unión Europea. El Consejo Europeo, el Consejo, el Parlamento Europeo, la Comisión Europea y el Tribunal de Justicia de la Unión Europea

1. El Tribunal de Justicia de la Unión Europea comprenderá:

a) El Tribunal de Justicia, el Tribunal General y los tribunales especializados.
b) El Tribunal de Justicia y el Tribunal General.
c) El Tribunal de Justicia, el Tribunal General, los tribunales especializados y el Tribunal de Primera Instancia.
d) El Tribunal de Justicia y los tribunales especializados.

2. El Consejo está compuesto por:

a) Un representante de cada Estado miembro, de rango ministerial, facultado para comprometer al Gobierno del Estado miembro al que represente y para ejercer el derecho de voto.
b) Los Jefes de Estado o de Gobierno de los Estados miembros, así como por su Presidente y por el Presidente de la Comisión.
c) Los Jefes de Estado o de Gobierno de los países miembros.
d) Todas son falsas.

3. Excepto cuando los Tratados dispongan otra cosa, el Consejo se pronunciará por:

a) Mayoría simple.
b) Unanimidad.
c) Mayoría cualificada.
d) Mayoría simple y cualificada.

4. ¿Cuál es el órgano ejecutivo de la Unión Europea?

a) El Consejo.
b) El Consejo Europeo.

c) La Comisión.
d) El Presidente de la Comisión.

5. Los miembros de la Comisión son nombrados por:

a) El Parlamento.
b) El Parlamento y el Consejo Europeo de forma conjunta.
c) El Consejo Europeo, por mayoría cualificada.
d) El Consejo, por mayoría cualificada.

6. Señala la respuesta verdadera:

a) El Parlamento Europeo y el Consejo estarán asistidos por un Comité Económico y Social y por un Comité de las Regiones que ejercerán funciones consultivas.
b) El Parlamento Europeo, el Consejo y la Comisión estarán asistidos por un Comité Económico y Social y por un Comité de las Regiones que ejercerán funciones consultivas.
c) El Parlamento Europeo, el Consejo, la Comisión y el Tribunal de Justicia estarán asistidos por un Comité Económico y Social y por un Comité de las Regiones que ejercerán funciones consultivas.
d) Todas las respuestas son falsas.

7. El Parlamento Europeo:

a) Estará compuesto por representantes de los ciudadanos de la Unión.
b) La representación de los ciudadanos será decrecientemente proporcional, con un mínimo de seis diputados por Estado miembro.
c) No se asignará a ningún Estado miembro más de noventa y seis escaños.
d) Todas las respuestas son verdaderas.

8. Los Diputados al Parlamento Europeo serán elegidos para un mandato de:

a) Cuatro años.
b) Seis años.
c) Cinco años.
d) Todas son falsas.

9. El presupuesto anual de la UE es decidido (aprobado):

a) Conjuntamente por el Consejo y el Parlamento, por un procedimiento especial.
b) Por el Parlamento.
c) Por la Comisión.
d) Por la Comisión y el Parlamento, por un procedimiento ordinario.

10. El Coreper es:

a) La representación de cada miembro ante la UE.
b) Un órgano de la Comisión.
c) Un órgano del Parlamento.
d) La reunión de los miembros de la Comisión.

11. La Mesa del Parlamento tiene los siguientes Vicepresidentes:

a) 14.
b) 15.
c) 16.
d) 5.

12. La Comisión se designa para un periodo de:

a) 5 años.
b) 6 años.
c) 4 años.
d) El que determine el Parlamento.

13. La sede de la Comisión está en:

a) Estrasburgo.
b) Bruselas.
c) Luxemburgo.
d) París.

14. El mandato de los miembros de la Comisión será:

a) Renovable por una sola vez.
b) Renovable.
c) No será renovable.
d) Renovable cuando así lo determine el Parlamento.

15. Los acuerdos de la Comisión se adoptarán:

a) Por unanimidad.
b) Por mayoría cualificada.
c) Por 2/3 partes.
d) Por mayoría del número de miembros.

En MADTEST tienes **más preguntas de este tema, comentadas y argumentadas**, y todos tus avances quedan registrados y se reflejan en el ranking.

¡Supera tus límites con MADTEST!

A continuación te presentamos algunos ejemplos de preguntas comentadas:

16. El Tribunal de Justicia de la Unión Europea tendrá su sede en:

a) Luxemburgo.
b) Bruselas.
c) Frankfurt.
d) La Haya.

Respuesta correcta: a) Luxemburgo.

La sede de las Instituciones viene recogida en un Protocolo, y ahí es donde se indica que el Tribunal de Justicia de la UE tiene su sede en Luxemburgo.

17. El Presidente de la Comisión:

a) Definirá las orientaciones con arreglo a las cuales la Comisión desempeñará sus funciones.
b) Determinará la organización interna de la Comisión velando por la coherencia, eficacia y colegialidad de su actuación.
c) Nombrará Vicepresidentes, distintos del Alto Representante de la Unión para Asuntos Exteriores y Política de Seguridad, de entre los miembros de la Comisión.
d) Todas las respuestas son verdaderas.

Respuesta correcta: d) Todas las respuestas son verdaderas.

El artículo 17 del TUE establece que:

6. El Presidente de la Comisión:

a) definirá las orientaciones con arreglo a las cuales la Comisión desempeñará sus funciones;

b) determinará la organización interna de la Comisión velando por la coherencia, eficacia y colegialidad de su actuación;

c) nombrará Vicepresidentes, distintos del Alto Representante de la Unión para Asuntos Exteriores y Política de Seguridad, de entre los miembros de la Comisión.

18. Respecto a las elecciones al Parlamento Europeo, en España se ha optado porque:

a) La circunscripción electoral sea única para todo el territorio nacional.
b) La circunscripción electoral sea por Comunidades Autónomas.
c) La circunscripción electoral sea por provincias.
d) Todas las respuestas son falsas.

Respuesta correcta: a) La circunscripción electoral sea única para todo el territorio nacional.

Así lo indica el artículo 214 de la Ley Orgánica 5/1985, Régimen Electoral General, donde se establece que la circunscripción es el territorio nacional.

19. La Institución en la que están representados los intereses nacionales y por ello encarna el principio de la representación de los Estados en la Unión Europea, es:

a) El Consejo.
b) La Comisión.
c) El Parlamento.
d) Todas las respuestas son verdaderas.

Respuesta correcta: a) El Consejo.

De acuerdo con varios artículos del TUE y del TFUE, el Consejo es la Institución que representa directamente a los Estados miembros ante la Unión Europea.

20. En relación con la Comisión:

a) Solamente los nacionales de los Estados miembros podrán ser miembros de la Comisión.
b) Los miembros de la Comisión ejercerán sus funciones con absoluta independencia y en interés general de su país.
c) Los miembros de la Comisión podrán, mientras dure su mandato, ejercer actividades profesionales, retribuidas o no, solamente fuera de la Comunidad.
d) Todas las respuestas son verdaderas.

Respuesta correcta: a) Solamente los nacionales de los Estados miembros podrán ser miembros de la Comisión.

Establece el artículo 17 del TUE que:

Los miembros de la Comisión serán seleccionados de entre los nacionales de los Estados miembros.

Solución al test n.º 10

1. a) El Tribunal de Justicia, el Tribunal General y los tribunales especializados.

2. a) Un representante de cada Estado miembro, de rango ministerial, facultado para comprometer al Gobierno del Estado miembro al que represente y para ejercer el derecho de voto.

3. c) Mayoría cualificada.

4. c) La Comisión.

5. c) El Consejo Europeo, por mayoría cualificada.

6. b) El Parlamento Europeo, el Consejo y la Comisión estarán asistidos por un Comité Económico y Social y por un Comité de las Regiones que ejercerán funciones consultivas.

7. d) Todas las respuestas son verdaderas.

8. c) Cinco años.

9. a) Conjuntamente por el Consejo y el Parlamento, por un procedimiento especial.

10. a) La representación de cada miembro ante la UE.

11. a) 14.

12. a) 5 años.

13. b) Bruselas.

14. b) Renovable.

15. d) Por mayoría del número de miembros.

16. a) Luxemburgo.

17. d) Todas las respuestas son verdaderas.

18. a) La circunscripción electoral sea única para todo el territorio nacional.

19. a) El Consejo.

20. a) Solamente los nacionales de los Estados miembros podrán ser miembros de la Comisión.

Las Leyes del Procedimiento Administrativo Común de las Administraciones Públicas y del Régimen Jurídico del Sector Público. El procedimiento administrativo común y sus fases. La revisión de los actos en vía administrativa: revisión de oficio y recursos administrativos. El recurso contencioso-administrativo. Actividad administrativa impugnable. Las partes: capacidad, legitimación, representación y defensa

1. Según el artículo 8 de la LPACAP, si durante la instrucción de un procedimiento se advierte la existencia de personas que sean titulares de derechos o intereses legítimos y directos cuya identificación resulte del expediente y que puedan resultar afectados por la resolución que se dicte:

a) Se comunicará a dichas personas la tramitación del procedimiento si este no ha tenido publicidad.
b) Se suspenderá el procedimiento hasta que se les comunique el estado del procedimiento y se les dé un plazo para presentar alegaciones.
c) Se seguirá adelante con el procedimiento sin más.
d) Se les comunicará y se volverá a iniciar el procedimiento.

2. El órgano administrativo podrá conceder un plazo para aportar o subsanar la falta o insuficiente acreditación de la representación teniendo por realizado el acto de que se trate. Dicho plazo, por regla general, es de:

a) 5 días.
b) 10 días.
c) 15 días.
d) 7 días.

3. Los poderes que se inscriban en los registros electrónicos generales y particulares de apoderamientos tendrán una validez determinada máxima, a contar desde la fecha de inscripción, de:

a) 3 años.
b) 5 años.

c) 7 años.
d) 10 años.

4. La comparecencia de las personas ante las oficinas públicas, ya sea presencialmente o por medios electrónicos, será obligatoria:

a) Solo cuando así esté previsto en una norma con rango de ley.
b) Cuando así lo requiera el órgano competente para dictar la resolución.
c) Cuando el procedimiento se inicie a solicitud del interesado.
d) En ningún caso, ya que la comparecencia siempre ha de ser voluntaria.

5. Cuando los plazos se señalen por horas:

a) Se entenderá siempre que estas son hábiles.
b) Los plazos se contarán de hora en hora y de minuto en minuto desde la hora y minuto en que tenga lugar la notificación o publicación del acto de que se trate.
c) Son hábiles las horas del día que formen parte de la jornada laboral de un día hábil.
d) Las Administraciones Públicas no pueden fijar plazos de horas.

6. La aplicación al procedimiento de la tramitación de urgencia supone:

a) La reducción a la mitad de todos los plazos establecidos para el procedimiento ordinario.
b) La reducción a la mitad del plazo total máximo del procedimiento.
c) La reducción a la mitad de los plazos establecidos para el procedimiento ordinario, salvo los relativos a la presentación de solicitudes y recursos.
d) La reducción a la mitad de los plazos relativos a la presentación de solicitudes y recursos.

7. A menos que su naturaleza exija otra forma más adecuada de expresión y constancia, los actos administrativos se producirán:

a) Por escrito a través de medios electrónicos.
b) Oralmente.
c) Por escrito en papel.
d) Oralmente a través de medios electrónicos.

8. No es cierto que toda notificación deba contener:

a) Indicación de si el acto es o no definitivo en la vía administrativa.
b) El texto íntegro de la resolución.
c) La expresión de los recursos que proceden.
d) La motivación de la resolución.

9. Cuando deba dictarse una serie de actos administrativos de la misma naturaleza, tales como nombramientos, concesiones o licencias, el órgano competente:

a) Podrá acordar la refundición en único acto.
b) Deberá acordar la refundición en único acto.
c) Podrá acordar, a petición de los interesados, la refundición en único acto.
d) Podrá acordar la refundición en único acto sin necesidad de individualizar los efectos del acto para cada interesado.

10. Las normas y actos dictados por los órganos de las Administraciones Públicas en el ejercicio de su propia competencia deberán ser observadas por el resto de los órganos administrativos:

a) Siempre que dependan jerárquicamente entre sí.
b) Siempre que pertenezcan a la misma Administración.
c) Cuando así lo disponga una norma con rango de ley.
d) Aunque no dependan jerárquicamente entre sí o pertenezcan a otra Administración.

11. Cuando el interesado fuera notificado por distintos cauces, se tomará como fecha de notificación:

a) La que más convenga al interesado.
b) La de aquella que se hubiera producido en primer lugar.
c) La de aquella que se hubiera producido en último lugar.
d) La de la notificación que se emitiera en primer lugar.

12. Las notificaciones por medios electrónicos se entenderán practicadas:

a) En el momento de su emisión.
b) En el momento en que se produzca el acceso a su contenido.
c) En el momento en que el interesado acredite su recepción.
d) En el plazo de 10 días naturales desde su puesta a disposición del interesado.

13. Cuando un acto tenga por destinatario a una pluralidad indeterminada de personas:

a) Podrá ser publicado si así lo establece la norma reguladora del procedimiento.
b) Podrá ser publicado si lo aconsejen razones de interés público apreciadas por el órgano competente.
c) Deberá ser objeto de publicación, surtiendo esta los efectos de la notificación.
d) No podrá ser publicado.

14. ¿Puede la Administración convalidar los actos anulables?

a) No, los actos anulables no se pueden convalidar.
b) Sí, siempre que no se dé lugar a la indefensión de los interesados.

c) Sí, subsanando los vicios de que adolezcan.

d) Sí, siempre que la anulabilidad se debiera a un defecto de forma.

15. Completa la frase. Según el artículo 3 de la Ley 40/2015, uno de los principios de acuerdo con los que actúa la Administración Pública es el de Simplicidad, claridad y …:

a) Economía.

b) Eficacia.

c) Proximidad a los ciudadanos.

d) Racionalización.

En MADTEST tienes **más preguntas de este tema, comentadas y argumentadas**, y todos tus avances quedan registrados y se reflejan en el ranking.

¡Supera tus límites con MADTEST!

A continuación te presentamos algunos ejemplos de preguntas comentadas:

16. Las Administraciones Públicas sirven con objetividad:

a) Los intereses generales.

b) Las políticas del Gobierno.

c) Los valores superiores.

d) Los derechos y deberes fundamentales.

Respuesta correcta: a) Los intereses generales.

Según el primer párrafo del artículo 3.1 de la LRJSP, las Administraciones Públicas sirven con objetividad los intereses generales y actúan de acuerdo con los principios de eficacia, jerarquía, descentralización, desconcentración y coordinación, con sometimiento pleno a la Constitución, a la Ley y al Derecho.

17. En relación con la delegación de competencias entre órganos administrativos, no es cierto que:

a) La delegación puede ser revocada en cualquier momento por el órgano que la haya conferido.

b) La delegación de competencias atribuidas a órganos colegiados, para cuyo ejercicio ordinario se requiera un quórum especial, deberá adoptarse observando, en todo caso, dicho quórum.

c) En cualquier caso, las competencias que se ejercen por delegación pueden ser delegadas.

d) No podrán ser delegadas aquellas materias en que así se determine por norma con rango de ley.

Respuesta correcta: c) En cualquier caso, las competencias que se ejercen por delegación pueden ser delegadas.

Según el artículo 9.5 de la LRJSP, salvo autorización expresa de una Ley, no podrán delegarse las competencias que se ejerzan por delegación.

18. En relación con las instrucciones y órdenes de servicio, no es cierto que:

a) El incumplimiento de las instrucciones u órdenes de servicio supone la invalidez de los actos dictados por los órganos administrativos.
b) Son normas de carácter interno que no han de afectar a los administrados.
c) No requieren un especial procedimiento de elaboración.
d) Su cumplimiento se subordina al conocimiento de las mismas por sus destinatarios.

Respuesta correcta: a) El incumplimiento de las instrucciones u órdenes de servicio supone la invalidez de los actos dictados por los órganos administrativos.

Según el artículo 6.2 de la LRJSP, el incumplimiento de las instrucciones u órdenes de servicio no afecta por sí solo a la validez de los actos dictados por los órganos administrativos, sin perjuicio de la responsabilidad disciplinaria en que se pueda incurrir.

19. Cuando se trate de órganos no relacionados jerárquicamente, y el delegante y el delegado pertenecen a diferentes Ministerios, ¿se podrá realizar una delegación de competencias?

a) Sí, siempre que el delegante tenga igual o mayor rango que el delegado.
b) No, en ningún caso.
c) Sí, previa aprobación del órgano superior de quien dependa el órgano delegado.
d) Sí, previa aprobación del órgano superior común.

Respuesta correcta: c) Sí, previa aprobación del órgano superior de quien dependa el órgano delegado.

Según el tercer párrafo del artículo 9.1 de la LRJSP, los órganos de la Administración General del Estado podrán delegar el ejercicio de sus competencias propias en sus Organismos públicos y Entidades vinculados o dependientes, cuando resulte conveniente para alcanzar los fines que tengan asignados y mejorar la eficacia de su gestión. La delegación deberá ser previamente aprobada por los órganos de los que dependan el órgano delegante y el órgano delegado, o aceptada por este último cuando sea el órgano máximo de dirección del Organismo público o Entidad vinculado o dependiente.

20. En relación con las medidas provisionales no es cierto que:

a) Solo podrán adoptarse antes de iniciarse el procedimiento administrativo.
b) Las medidas provisionales podrán ser alzadas o modificadas durante la tramitación del procedimiento, de oficio o a instancia de parte, en virtud de circunstancias sobrevenidas o que no pudieron ser tenidas en cuenta en el momento de su adopción.

c) Se extingan cuando surta efectos la resolución administrativa que ponga fin al procedimiento correspondiente.

d) No se podrán adoptar medidas provisionales que puedan causar perjuicio de difícil o imposible reparación a los interesados o que impliquen violación de derechos amparados por las leyes.

Respuesta correcta: a) Solo podrán adoptarse antes de iniciarse el procedimiento administrativo.

Según el artículo 56.1 de la LPACAP, iniciado el procedimiento, el órgano administrativo competente para resolver, podrá adoptar, de oficio o a instancia de parte y de forma motivada, las medidas provisionales que estime oportunas para asegurar la eficacia de la resolución que pudiera recaer, si existiesen elementos de juicio suficientes para ello, de acuerdo con los principios de proporcionalidad, efectividad y menor onerosidad.

Solución al test n.º 11

1. a) Se comunicará a dichas personas la tramitación del procedimiento si este no ha tenido publicidad.

2. b) 10 días.

3. b) 5 años.

4. a) Solo cuando así esté previsto en una norma con rango de ley.

5. b) Los plazos se contarán de hora en hora y de minuto en minuto desde la hora y minuto en que tenga lugar la notificación o publicación del acto de que se trate.

6. c) La reducción a la mitad de los plazos establecidos para el procedimiento ordinario, salvo los relativos a la presentación de solicitudes y recursos.

7. a) Por escrito a través de medios electrónicos.

8. d) La motivación de la resolución.

9. a) Podrá acordar la refundición en único acto.

10. d) Aunque no dependan jerárquicamente entre sí o pertenezcan a otra Administración.

11. b) La de aquella que se hubiera producido en primer lugar.

12. b) En el momento en que se produzca el acceso a su contenido.

13. c) Deberá ser objeto de publicación, surtiendo esta los efectos de la notificación.

14. c) Sí, subsanando los vicios de que adolezcan.

15. c) Proximidad a los ciudadanos.

16. a) Los intereses generales.

17. c) En cualquier caso, las competencias que se ejercen por delegación pueden ser delegadas.

18. a) El incumplimiento de las instrucciones u órdenes de servicio supone la invalidez de los actos dictados por los órganos administrativos.

19. c) Sí, previa aprobación del órgano superior de quien dependa el órgano delegado.

20. a) Solo podrán adoptarse antes de iniciarse el procedimiento administrativo.

TEST N.º 12

La protección de datos personales y su régimen Jurídico: principios, derechos y obligaciones

1. Según el artículo 18.3 de la Constitución Española, se garantiza el secreto de las comunicaciones y, en especial, de las postales, telegráficas y telefónicas:

a) Siempre.
b) Salvo resolución judicial.
c) Excepto en los casos que establezcan las leyes.
d) Salvo consentimiento del interesado.

2. Es correcto, conforme a la disposición adicional 3.ª de la LO 3/2018, que:

a) Cuando los plazos se señalen por días, se entiende que estos son naturales.
b) Si el plazo se fija en semanas, concluirá el día anterior al día de la semana en que se produjo el hecho que determina su iniciación en la semana de vencimiento.
c) Si el plazo se fija en años, concluirá el mismo día en que se produjo el hecho que determina su iniciación en el año de vencimiento.
d) Cuando el último día del plazo sea inhábil, se entenderá adelantado al último día hábil anterior.

3. El RGPD lo define como la persona física o jurídica, autoridad pública, servicio u otro organismo que trate datos personales por cuenta del responsable del tratamiento:

a) El Delegado.
b) El Encargado.
c) El Representante.
d) El Tratante.

4. Según el artículo 3 de la LO 3/2018, los requisitos y condiciones para acreditar la validez y vigencia de los mandatos e instrucciones de las personas fallecidas respecto al acceso a los datos personales de estas por parte de las personas o instituciones que designaran expresamente, serán establecidos:

a) Por medio de una Directiva europea.
b) Por Ley estatal.

c) Por Ley autonómica.
d) Por Real Decreto.

5. El artículo 4 de la LO 3/2018 señala que, conforme al artículo 5.1.d) del Reglamento (UE) 2016/679, los datos serán exactos y, si fuere necesario:

a) Actualizados.
b) Aproximados.
c) Normalizados.
d) Digitalizados.

6. Señala la respuesta incorrecta. No será imputable al responsable del tratamiento, siempre que este haya adoptado todas las medidas razonables para que se supriman o rectifiquen sin dilación, la inexactitud de los datos personales, con respecto a los fines para los que se tratan, cuando los datos inexactos:

a) Hubiesen sido obtenidos por el responsable directamente del encargado.

b) Hubiesen sido obtenidos por el responsable de un mediador o intermediario en caso de que las normas aplicables al sector de actividad al que pertenezca el responsable del tratamiento establecieran la posibilidad de intervención de un intermediario o mediador que recoja en nombre propio los datos de los afectados para su transmisión al responsable.

c) Fuesen sometidos a tratamiento por el responsable por haberlos recibido de otro responsable en virtud del ejercicio por el afectado del derecho a la portabilidad.

d) Fuesen obtenidos de un registro público por el responsable.

7. Conforme al artículo 5.1 de la LO 3/2018, estarán sujetas al deber de confidencialidad:

a) Únicamente los responsables del tratamiento.

b) Los responsables y encargados del tratamiento.

c) Los responsables y encargados del tratamiento de datos así como todas las personas que intervengan en cualquier fase de este.

d) Los responsables y encargados del tratamiento de datos así como todas las personas que intervengan en todas las fases de este.

8. Conforme a los artículos 4.11 del RGPD y 6.1 de la LO 3/2018, se entiende por *consentimiento del afectado* **la aceptación, ya sea mediante una declaración o una clara acción afirmativa, del tratamiento de datos personales que le conciernen manifestada por voluntad libre, de forma específica, informada e/y:**

a) Detallada.
b) Unitaria.
c) Inequívoca.
d) Por escrito.

9. Según el artículo 6.2 de la Ley Orgánica 3/2018 de Protección de Datos Personales y garantía de los derechos digitales, cuando se pretenda fundar el tratamiento de los datos en el consentimiento del afectado para una pluralidad de finalidades, será preciso que conste de manera específica e inequívoca que dicho consentimiento se otorga:

a) Por un periodo de tiempo.
b) Irrevocablemente.
c) Para todas ellas.
d) Por interés público.

10. Según el artículo 8.1 de la LO 3/2018, el tratamiento de datos personales solo podrá considerarse fundado en el cumplimiento de una obligación legal exigible al responsable:

a) Cuando así lo prevea una norma de Derecho de la Unión Europea o una norma con rango de ley.
b) Cuando el tratamiento se considere una misión realizada en interés público.
c) Cuando se trate del ejercicio de poderes públicos conferidos al responsable.
d) Cuando el responsable sea un órgano u organismo público.

11. Conforme al artículo 9 de la LO 3/2018, de 5 de diciembre, de Protección de Datos Personales y garantía de los derechos digitales, ¿cuál de los siguientes tratamientos de categorías especiales de datos fundados en el Derecho español deberá estar amparado en una norma con rango de ley?

a) El interesado dio su consentimiento explícito para el tratamiento de dichos datos personales con uno o más de los fines especificados.
b) El tratamiento es necesario para el cumplimiento de obligaciones y el ejercicio de derechos específicos del responsable del tratamiento o del interesado en el ámbito del Derecho laboral y de la seguridad y protección social.
c) El tratamiento es necesario para proteger intereses vitales del interesado o de otra persona física, en el supuesto de que el interesado no esté capacitado, física o jurídicamente, para dar su consentimiento.
d) El tratamiento es necesario por razones de interés público en el ámbito de la salud pública, como la protección frente a amenazas transfronterizas graves para la salud, o para garantizar elevados niveles de calidad y de seguridad de la asistencia sanitaria y de los medicamentos o productos sanitarios.

12. La LO 3/2018, de 5 de diciembre, de Protección de Datos Personales y garantía de los derechos digitales, tiene por objeto garantizar los derechos digitales de la ciudadanía conforme al mandato del artículo de la Constitución:

a) 9.2.
b) 10.1.
c) 18.4.
d) 20.4.

13. Señala la respuesta incorrecta. Conforme al artículo 11 de la LO 3/2018, la información básica que el responsable del tratamiento ha de facilitar al afectado, cuando los datos personales se hayan obtenido de este, debe contener obligatoriamente:

a) La finalidad del tratamiento.
b) La identidad del responsable del tratamiento y de su representante, en su caso.
c) La posibilidad de ejercer los derechos establecidos en los artículos 15 a 22 del RGPD.
d) Las categorías de datos objeto de tratamiento.

14. Conforme al RGPD, cuando se aplique el consentimiento para el tratamiento de sus datos personales para uno o varios fines específicos en relación con la oferta directa a niños de servicios de la sociedad de la información, el tratamiento de los datos personales de un niño se considerará lícito cuando este tenga como mínimo:

a) 12 años.
b) 13 años.
c) 14 años.
d) 16 años.

15. Según el artículo 7.1 de la LO 3/2018, el tratamiento de los datos personales de un menor de edad únicamente podrá fundarse en su consentimiento cuando sea mayor de:

a) 12 años.
b) 13 años.
c) 14 años.
d) 16 años.

En MADTEST tienes **más preguntas de este tema, comentadas y argumentadas**, y todos tus avances quedan registrados y se reflejan en el ranking.

¡Supera tus límites con MADTEST!

A continuación te presentamos algunos ejemplos de preguntas comentadas:

16. En virtud del derecho de acceso al que se refiere el artículo 15 del Reglamento (UE) 2016/679, del Parlamento Europeo y del Consejo, de 27 de abril, relativo a la protección de las personas físicas en lo que respecta al tratamiento de datos personales y a la libre circulación de estos datos y por el que se deroga la Directiva 95/46/CE:

a) El interesado tendrá derecho a conocer si sus datos de carácter personal están siendo tratados, qué datos son objeto de dicho tratamiento, la finalidad del mismo, el origen de los citados datos y si se han comunicado o se van a comunicar a un tercero.

b) El interesado, previo pago de un canon, tendrá derecho a obtener información sobre sus datos de carácter personal sometidos a tratamiento.

c) El interesado tiene derecho a conocer el nombre y apellidos de las personas que han accedido a sus datos.

d) El interesado tendrá derecho a obtener información de sus datos de carácter personal sometidos a tratamiento, pero no de las comunicaciones que se prevean hacer de ellos.

Respuesta correcta: a) El interesado tendrá derecho a conocer si sus datos de carácter personal están siendo tratados, qué datos son objeto de dicho tratamiento, la finalidad del mismo, el origen de los citados datos y si se han comunicado o se van a comunicar a un tercero.

Según el artículo 15.1 del RGPD, el interesado tendrá derecho a obtener del responsable del tratamiento confirmación de si se están tratando o no datos personales que le conciernen y, en tal caso, derecho de acceso a los datos personales y a la siguiente información:

– los fines del tratamiento;

– las categorías de datos personales de que se trate;

– los destinatarios o las categorías de destinatarios a los que se comunicaron o serán comunicados los datos personales, en particular destinatarios en terceros países u organizaciones internacionales;

– de ser posible, el plazo previsto de conservación de los datos personales o, de no ser posible, los criterios utilizados para determinar este plazo;

– la existencia del derecho a solicitar del responsable la rectificación o supresión de datos personales o la limitación del tratamiento de datos personales relativos al interesado, o a oponerse a dicho tratamiento;

– el derecho a presentar una reclamación ante una autoridad de control;

– cuando los datos personales no se hayan obtenido del interesado, cualquier información disponible sobre su origen;

– la existencia de decisiones automatizadas, incluida la elaboración de perfiles, a que se refiere el artículo 22, apartados 1 y 4, y, al menos en tales casos, información significativa sobre la lógica aplicada, así como la importancia y las consecuencias previstas de dicho tratamiento para el interesado.

17. Conforme al artículo 12 de la LO 3/2018, los derechos reconocidos en los artículos 15 a 22 del RGPD:

a) Solo podrán ser ejercidos directamente por el afectado.

b) Deberán ejercerse bien directamente por el afectado o por representante legal.

c) Deberán ejercerse bien directamente por el afectado o por representante voluntario.

d) Podrán ejercerse directamente o por medio de representante legal o voluntario.

Repuesta correcta: d) Podrán ejercerse directamente o por medio de representante legal o voluntario.

Según el artículo 12.1 de la LO 3/2018, los derechos reconocidos en los artículos 15 a 22 del Reglamento (UE) 2016/679, podrán ejercerse directamente o por medio de representante legal o voluntario.

18. Según el artículo 12.4 de la LO 3/2018, la prueba del cumplimiento del deber de responder a la solicitud de ejercicio de sus derechos formulado por el afectado recaerá:

a) Sobre el responsable del tratamiento.
b) Sobre el encargado del tratamiento.
c) Bien sobre el responsable o bien sobre el encargado.
d) Sobre el representante legal del afectado.

Respuesta correcta: a) Sobre el responsable del tratamiento.
Según el artículo 12.4 de la LO 3/2018, la prueba del cumplimiento del deber de responder a la solicitud de ejercicio de sus derechos formulado por el afectado recaerá sobre el responsable.

19. En virtud del artículo 12 de la LO 3/2018 es cierto, en relación con los medios para que el afectado pueda ejercer sus derechos, que:

a) El encargado del tratamiento estará obligado a informar al afectado sobre los medios a su disposición para ejercer los derechos que le corresponden.
b) Los medios deberán ser consensuados con los afectados antes de poner en marcha el tratamiento.
c) Los medios deberán ser fácilmente accesibles para el afectado.
d) El ejercicio del derecho podrá ser denegado cuando el afectado opte por otro medio.

Respuesta correcta: c) Los medios deberán ser fácilmente accesibles para el afectado.
Según el artículo 12.2 de la LO 3/2018, el responsable del tratamiento estará obligado a informar al afectado sobre los medios a su disposición para ejercer los derechos que le corresponden. Los medios deberán ser fácilmente accesibles para el afectado. El ejercicio del derecho no podrá ser denegado por el solo motivo de optar el afectado por otro medio.

20. En relación con el derecho de acceso, el artículo 13 de la LO 3/2018 dispone que:

a) Cuando el responsable trate una gran cantidad de datos relativos al afectado y este ejercite su derecho de acceso sin especificar si se refiere a todos o a una parte de los datos, el responsable deberá facilitar la totalidad de los datos.
b) El derecho de acceso se entenderá otorgado si el responsable del tratamiento facilitara al afectado un sistema de acceso remoto, directo y seguro a los datos personales que garantice, temporalmente, el acceso a su totalidad.
c) Se podrá considerar repetitivo el ejercicio del derecho de acceso en más de una ocasión durante el plazo de seis meses, a menos que exista causa legítima para ello.
d) Cuando el afectado elija un medio distinto al que se le ofrece deberá asumir los costes que su elección comporte.

Respuesta correcta: c) Se podrá considerar repetitivo el ejercicio del derecho de acceso en más de una ocasión durante el plazo de seis meses, a menos que exista causa legítima para ello.

Según el artículo 13.3 de la LO 3/2018, a los efectos establecidos en el artículo 12.5 del Reglamento (UE) 2016/679 se podrá considerar repetitivo el ejercicio del derecho de acceso en más de una ocasión durante el plazo de seis meses, a menos que exista causa legítima para ello.

Solución al test n.º 12

1. b) Salvo resolución judicial.

2. c) Si el plazo se fija en años, concluirá el mismo día en que se produjo el hecho que determina su iniciación en el año de vencimiento.

3. b) El Encargado.

4. d) Por Real Decreto.

5. a) Actualizados.

6. a) Hubiesen sido obtenidos por el responsable directamente del encargado.

7. c) Los responsables y encargados del tratamiento de datos así como todas las personas que intervengan en cualquier fase de este.

8. c) Inequívoca.

9. c) Para todas ellas.

10. a) Cuando así lo prevea una norma de Derecho de la Unión Europea o una norma con rango de ley.

11. d) El tratamiento es necesario por razones de interés público en el ámbito de la salud pública, como la protección frente a amenazas transfronterizas graves para la salud, o para garantizar elevados niveles de calidad y de seguridad de la asistencia sanitaria y de los medicamentos o productos sanitarios.

12. c) 18.4.

13. d) Las categorías de datos objeto de tratamiento.

14. d) 16 años.

15. c) 14 años.

16. a) El interesado tendrá derecho a conocer si sus datos de carácter personal están siendo tratados, qué datos son objeto de dicho tratamiento, la finalidad del mismo, el origen de los citados datos y si se han comunicado o se van a comunicar a un tercero.

17. d) Podrán ejercerse directamente o por medio de representante legal o voluntario.

18. a) Sobre el responsable del tratamiento.

19. c) Los medios deberán ser fácilmente accesibles para el afectado.

20. c) Se podrá considerar repetitivo el ejercicio del derecho de acceso en más de una ocasión durante el plazo de seis meses, a menos que exista causa legítima para ello.

TEST N.º 13

El personal funcionario al servicio de las Administraciones públicas: concepto y clases. Régimen jurídico. El Registro Central de Personal. Programación de efectivos y Oferta de Empleo Público. Selección. Provisión de puestos de trabajo. Situaciones administrativas de los funcionarios

1. El Real Decreto Legislativo 5/2015, de 30 de octubre, por el que se aprueba el texto refundido de la Ley del Estatuto Básico del Empleado Público (EBEP) contiene:

a) Aquello que es común al conjunto de los empleados públicos de todas las Administraciones Públicas.

b) Las normas legales específicas aplicables a los empleados públicos de todas las Administraciones Públicas.

c) Aquello que es común al conjunto de los funcionarios de todas las Administraciones Públicas, más las normas legales específicas aplicables al personal laboral a su servicio.

d) Aquello que es común al conjunto del personal laboral de todas las Administraciones Públicas, más las normas legales específicas aplicables al personal funcionario a su servicio.

2. Para todo el personal de las Administraciones Públicas no incluido en su ámbito de aplicación, el EBEP tendrá carácter:

a) Consultivo.
b) Voluntario.
c) Supletorio.
d) Interpretativo.

3. Es un principio de actuación del EBEP:

a) La jerarquía en la atribución, ordenación y desempeño de las funciones y tareas.
b) La negociación en la atribución, ordenación y desempeño de las funciones y tareas.
c) La participación en la atribución, ordenación y desempeño de las funciones y tareas.
d) La promoción en la atribución, ordenación y desempeño de las funciones y tareas.

4. Según el artículo 1.3 del Texto Refundido de la Ley del Estatuto Básico del Empleado Público, uno de los fundamentos de actuación reflejados por el EBEP es:

a) Eficacia y calidad en la gestión.
b) Transparencia y participación en la gestión.
c) Libertad e independencia en la gestión.
d) Evaluación y responsabilidad en la gestión.

5. El artículo 8 del Texto Refundido de la Ley del Estatuto Básico del Empleado Público, aprobado por el Real Decreto Legislativo 5/2015, de 30 de octubre, define como aquellos quienes desempeñan funciones retribuidas en las Administraciones Públicas al servicio de los intereses generales:

a) A los Funcionarios públicos.
b) A los Empleados públicos.
c) Al Personal laboral de las Administraciones Públicas.
d) Al personal estatutario.

6. El Texto Refundido de la Ley del Estatuto Básico del Empleado Público establece cuatro tipos de empleados públicos, entre los que no figura:

a) Funcionarios interinos.
b) Personal laboral.
c) Personal militar.
d) Personal eventual.

7. Según el EBEP, hay dos tipos de funcionarios:

a) Civiles y militares.
b) De carrera e interinos.
c) Fijos y eventuales.
d) Indefinidos o temporales.

8. Corresponden en exclusiva a los funcionarios públicos, en los términos que en la ley de desarrollo de cada Administración Pública se establezca, el ejercicio de funciones:

a) Directivas.
b) Que impliquen la participación directa o indirecta en el ejercicio de las potestades públicas.
c) Del ámbito militar, de la Justicia o de la Hacienda Pública.
d) Que impliquen la participación directa (no la indirecta), en la salvaguardia de los intereses generales del Estado.

9. Las leyes de Función Pública que se dicten en desarrollo del EBEP podrán prever el nombramiento de personal interino para la ejecución de programas de carácter temporal con una duración de hasta:

a) 2 años.
b) 3 años.
c) 4 años.
d) 5 años.

10. ¿Es aplicable a los funcionarios interinos el régimen general de los funcionarios de carrera?

a) Sí, en todo caso, independientemente de que el nombramiento tenga o no carácter extraordinario y urgente.
b) No, en ningún caso. Tienen su propio régimen general.
c) Sí, en cuanto sea adecuado a la naturaleza de su condición y al carácter extraordinario y urgente de su nombramiento, salvo aquellos derechos inherentes a la condición de funcionario de carrera.
d) No, se rigen por un convenio colectivo de carácter estatal.

11. Son funcionarios interinos los que son nombrados como tales para el desempeño de funciones propias de funcionarios de carrera por razones expresamente justificadas de necesidad y/e:

a) Urgencia.
b) Interés.
c) Conveniencia.
d) Oportunidad.

12. El personal laboral al servicio de las Administraciones Públicas NO puede desempeñar puestos:

a) Correspondientes a áreas de actividades que requieran conocimientos técnicos especializados.
b) En el extranjero con funciones administrativas de trámite y colaboración y auxiliares, aunque comporten manejo de máquinas, archivo y similares.
c) Cuyas actividades sean propias de oficios.
d) Que impliquen la participación directa o indirecta en la salvaguardia de los intereses generales del Estado y de las Administraciones Públicas.

13. Señala la respuesta incorrecta. Según el artículo 11 del Estatuto Básico del Empleado Público, el personal laboral, en función de la duración del contrato, podrá ser:

a) Temporal.
b) Por tiempo indefinido.

c) Fijo.
d) Eventual.

14. El número de puestos cubiertos por personal eventual:

a) Es indefinido e ilimitado.
b) Está limitado por un máximo establecido por los respectivos órganos de gobierno.
c) Está limitado a tres por cada órgano superior de la Administración Pública.
d) No puede hacerse público, puesto que se trata de personal de confianza.

15. Las condiciones retributivas del personal eventual serán:

a) Las mismas del personal funcionario de carrera.
b) Secretas.
c) Públicas.
d) Las mismas del personal funcionario interino.

En MADTEST tienes **más preguntas de este tema, comentadas y argumentadas**, y todos tus avances quedan registrados y se reflejan en el ranking.

¡Supera tus límites con MADTEST!

A continuación te presentamos algunos ejemplos de preguntas comentadas:

16. Es personal eventual el que, en virtud de nombramiento y con carácter no permanente, solo realiza funciones expresamente calificadas como de confianza o:

a) Reservadas.
b) Seguridad.
c) De asesoramiento especial.
d) De asesoramiento general.

Respuesta correcta: c) De asesoramiento especial.
Según el artículo 12.1 del EBEP, es personal eventual el que, en virtud de nombramiento y con carácter no permanente, sólo realiza funciones expresamente calificadas como de confianza o asesoramiento especial, siendo retribuido con cargo a los créditos presupuestarios consignados para este fin.

17. En todo caso, el personal eventual cesará:

a) Cuando transcurran 4 años ininterrumpidos desde su nombramiento.
b) Cuando concluya la tarea por la que fue designado.

c) Cuando se produzca el cese de la autoridad a la que se preste la función de confianza o asesoramiento.
d) Cuando exista personal funcionario de carrera que pueda ejercer sus funciones.

Respuesta correcta: c) Cuando se produzca el cese de la autoridad a la que se preste la función de confianza o asesoramiento.
Según el segundo inciso del artículo 12.3 del EBEP, el cese tendrá lugar, en todo caso, cuando se produzca el de la autoridad a la que se preste la función de confianza o asesoramiento.

18. La condición de personal eventual:

a) Constituye mérito para el acceso a la Función Pública y para la promoción interna.
b) Constituye mérito para el acceso a la Función Pública pero no para la promoción interna.
c) No constituye mérito para el acceso a la Función Pública pero sí para la promoción interna.
d) No podrá constituir mérito para el acceso a la Función Pública o para la promoción interna.

Respuesta correcta: d) No podrá constituir mérito para el acceso a la Función Pública o para la promoción interna.
Según el artículo 12.5 del EBEP, la condición de personal eventual no podrá constituir mérito para el acceso a la Función Pública o para la promoción interna.

19. La designación del personal directivo de las Administraciones Públicas se llevará a cabo mediante procedimientos que garanticen:

a) La publicidad y concurrencia.
b) La idoneidad.
c) El mérito y la capacidad.
d) El control de resultados.

Respuesta correcta: a) La publicidad y concurrencia.
Según el artículo 13.2 del EBEP, su designación atenderá a principios de mérito y capacidad y a criterios de idoneidad, y se llevará a cabo mediante procedimientos que garanticen la publicidad y concurrencia.

20. La designación de personal directivo en las Administraciones Públicas atenderá a principios de:

a) Mérito y capacidad.
b) Publicidad y concurrencia.
c) Idoneidad.
d) Antigüedad y buen comportamiento.

Respuesta correcta: a) Mérito y capacidad.

Según el artículo 13.2 del EBEP, su designación atenderá a principios de mérito y capacidad y a criterios de idoneidad, y se llevará a cabo mediante procedimientos que garanticen la publicidad y concurrencia.

Solución al test n.º 13

1. c) Aquello que es común al conjunto de los funcionarios de todas las Administraciones Públicas, más las normas legales específicas aplicables al personal laboral a su servicio.

2. c) Supletorio.

3. a) La jerarquía en la atribución, ordenación y desempeño de las funciones y tareas.

4. d) Evaluación y responsabilidad en la gestión.

5. b) A los Empleados públicos.

6. c) Personal militar.

7. b) De carrera e interinos.

8. b) Que impliquen la participación directa o indirecta en el ejercicio de las potestades públicas.

9. c) 4 años.

10. c) Sí, en cuanto sea adecuado a la naturaleza de su condición y al carácter extraordinario y urgente de su nombramiento, salvo aquellos derechos inherentes a la condición de funcionario de carrera.

11. a) Urgencia.

12. d) Que impliquen la participación directa o indirecta en la salvaguardia de los intereses generales del Estado y de las Administraciones Públicas.

13. d) Eventual.

14. b) Está limitado por un máximo establecido por los respectivos órganos de gobierno.

15. c) Públicas.

16. c) De asesoramiento especial.

17. c) Cuando se produzca el cese de la autoridad a la que se preste la función de confianza o asesoramiento.

18. d) No podrá constituir mérito para el acceso a la Función Pública o para la promoción interna.

19. a) La publicidad y concurrencia.

20. a) Mérito y capacidad.

Derechos y deberes de los funcionarios. La carrera administrativa. Promoción interna. El sistema de retribuciones e indemnizaciones. Régimen disciplinario. El régimen de la Seguridad Social de los funcionarios

1. El Título III del EBEP se refiere a:

a) Los derechos y deberes. Código de conducta de los empleados públicos.
b) Los derechos retributivos.
c) La adquisición y pérdida de la relación de servicio.
d) La cooperación entre las Administraciones Públicas.

2. Según el artículo 47 del EBEP, la jornada de trabajo de los funcionarios públicos podrá ser:

a) Ordinaria o extraordinaria.
b) Continua o partida.
c) En turno de mañana, en turno de tarde o en turno de noche.
d) A tiempo completo o a tiempo parcial.

3. Por accidente grave de un familiar de primer grado de consanguinidad o afinidad, los funcionarios públicos tendrán derecho a un permiso de:

a) 2 días hábiles.
b) 3 días hábiles.
c) 4 días hábiles.
d) 5 días hábiles.

4. Señala la respuesta incorrecta. Por razones de guarda legal, el funcionario tendrá derecho a la reducción de su jornada de trabajo, con la disminución de sus retribuciones que corresponda, cuando tenga el cuidado directo de:

a) Algún menor de doce años.
b) Hijo prematuro o que por cualquier causa deba permanecer hospitalizado a continuación del parto.

c) Persona con discapacidad que no desempeñe actividad retribuida.

d) Persona mayor que requiera especial dedicación.

5. Por acogimiento temporal de un menor discapacitado, el funcionario tendrá derecho a un permiso de una duración de:

a) Cuatro semanas.

b) Diez semanas.

c) Dieciséis semanas.

d) Dieciocho semanas.

6. Completa la siguiente frase: "Los empleados públicos tienen derecho a la negociación colectiva, representación y .... para la determinación de sus condiciones de trabajo":

a) Evaluación del desempeño.

b) Huelga.

c) Participación institucional.

d) Convenio.

7. Quedan excluidas de la obligatoriedad de la negociación colectiva:

a) Las normas que fijen los criterios y mecanismos generales en materia de evaluación del desempeño.

b) Los criterios generales para la determinación de prestaciones sociales y pensiones de clases pasivas.

c) Los criterios generales sobre ofertas de empleo público.

d) La determinación de condiciones de trabajo del personal directivo.

8. El derecho a participar, a través de las organizaciones sindicales, en los órganos de control y seguimiento de las entidades u organismos que legalmente se determine, es lo que el EBEP denomina:

a) Negociación colectiva.

b) Participación institucional.

c) Representación.

d) Derecho de reunión.

9. Señala la respuesta correcta:

a) Las Juntas de Personal se elegirán mediante listas cerradas a través de un sistema proporcional corregido, y los Delegados de Personal mediante listas abiertas y sistema mayoritario.

b) Los Delegados de Personal se elegirán mediante listas cerradas a través de un sistema proporcional corregido, y las Juntas de Personal mediante listas abiertas y sistema mayoritario.

c) Tanto las Juntas de Personal como los Delegados de Personal se elegirán mediante listas cerradas a través de un sistema proporcional corregido.

d) Tanto las Juntas de Personal como los Delegados de Personal se elegirán mediante listas abiertas y sistema mayoritario.

10. Quienes ostenten cargos directivos o de representación en el sindicato en que estén afiliados, no podrán desempeñar, simultáneamente, en las Administraciones Públicas:

a) Cargos de libre designación.

b) El cargo de Director General o de Subdirector General.

c) Ningún cargo representativo de la Administración Pública.

d) Cargos de libre designación de categoría de Director General o asimilados, así como cualquier otro de rango superior.

11. Será objeto de negociación, en su ámbito respectivo y en relación con las competencias de cada Administración Pública y con el alcance que legalmente proceda:

a) La determinación concreta de los procedimientos de acceso al empleo público.

b) La regulación concreta de los criterios de promoción profesional.

c) Las materias referidas a calendario laboral.

d) La determinación de condiciones de trabajo del personal directivo.

12. Se elegirá un Delegado de Personal en las unidades electorales donde el número de funcionarios sea:

a) Entre 5 y 50 funcionarios.

b) Entre 10 y 40 funcionarios.

c) Entre 6 y 30 funcionarios.

d) Entre 8 y 39 funcionarios.

13. Según el Estatuto Básico del Empleado Público, el número máximo de representantes de una Junta de Personal es de:

a) 50.

b) 75.

c) 60.

d) 80.

14. Según el EBEP, el reglamento de una Junta de Personal y sus modificaciones deberán ser aprobados por los votos favorables de, al menos:

a) La mayoría simple de sus miembros.

b) La mayoría absoluta de sus miembros.

c) Tres quintos de sus miembros.

d) Dos tercios de sus miembros.

15. En relación con el procedimiento de elección de Juntas y Delegados de Personal es cierto que:

a) Serán electores y elegibles todos los funcionarios, excepto los que se encuentren en la situación de separación del servicio.

b) Los funcionarios que ocupen puestos cuyo nombramiento se efectúe a través de real decreto o por decreto de los consejos de gobierno de las comunidades autónomas y de las ciudades de Ceuta y Melilla, tienen la condición de electores pero no la de elegibles.

c) Podrán presentar candidaturas las organizaciones sindicales legalmente constituidas o las coaliciones de estas, y los grupos de electores de una misma unidad electoral, siempre que el número de ellos sea equivalente, al menos, al triple de los miembros a elegir.

d) Todas las impugnaciones deberán tramitarse conforme a un procedimiento arbitral.

En MADTEST tienes **más preguntas de este tema, comentadas y argumentadas**, y todos tus avances quedan registrados y se reflejan en el ranking.

¡Supera tus límites con MADTEST!

A continuación te presentamos algunos ejemplos de preguntas comentadas:

16. En relación con los Pactos y Acuerdos de las Mesas de Negociación, NO es cierto que:

a) Los Acuerdos versarán sobre materias competencia de los órganos de gobierno de las Administraciones Públicas.

b) Los Pactos se celebrarán sobre materias que se correspondan estrictamente con el ámbito competencial del órgano administrativo que lo suscriba.

c) Si los Acuerdos ratificados tratan sobre materias sometidas a reserva de ley que, en consecuencia, solo pueden ser determinadas definitivamente por las Cortes Generales o las asambleas legislativas de las comunidades autónomas, su contenido conservará eficacia directa mientras no sean rechazados.

d) Los Pactos y Acuerdos en sus respectivos ámbitos y en relación con las competencias de cada Administración Pública, podrán fijar las reglas que han de resolver los conflictos de concurrencia entre las negociaciones de distinto ámbito y los criterios de primacía y complementariedad entre las diferentes unidades negociadoras.

Respuesta correcta: c) Si los Acuerdos ratificados tratan sobre materias sometidas a reserva de ley que, en consecuencia, solo pueden ser determinadas definitivamente por las Cortes Generales o las asambleas legislativas de las comunidades autónomas, su contenido conservará eficacia directa mientras no sean rechazados.

Según el segundo párrafo del artículo 38.3 del EBEP, si los Acuerdos ratificados tratan sobre materias sometidas a reserva de ley que, en consecuencia, sólo pueden ser determinadas definitivamente por las Cortes Generales o las asambleas legislativas de las comunidades autónomas, su contenido carecerá de eficacia directa. No obstante, en este supuesto, el órgano de gobierno respectivo que tenga iniciativa legislativa procederá a la elaboración, aprobación y remisión a las Cortes Generales o asambleas legislativas de las comunidades autónomas del correspondiente proyecto de ley conforme al contenido del Acuerdo y en el plazo que se hubiera acordado.

17. A efectos del EBEP, se entiende por negociación colectiva el derecho a negociar:

a) La composición de las Mesas de Negociación.
b) La determinación de condiciones de trabajo de los empleados de la Administración Pública.
c) El procedimiento de elección de representantes de los empleados de la Administración Pública.
d) La estructura orgánica de la Administración Pública.

Respuesta correcta: b) La determinación de condiciones de trabajo de los empleados de la Administración Pública.
Según el artículo 31.2 del EBEP, por negociación colectiva, a los efectos de esta ley, se entiende el derecho a negociar la determinación de condiciones de trabajo de los empleados de la Administración Pública.

18. En virtud del artículo 31.6 del EBEP, ¿pueden las organizaciones sindicales más representativas interponer recursos contra las resoluciones de los órganos de selección de la Administración Pública?

a) No, en ningún caso.
b) Solo en la vía administrativa.
c) Solo en la vía jurisdiccional.
d) Sí, tanto en vía administrativa como en la jurisdiccional.

Respuesta correcta: d) Sí, tanto en vía administrativa como en la jurisdiccional.
Según el artículo 31.6 del EBEP, las organizaciones sindicales más representativas en el ámbito de la Función Pública están legitimadas para la interposición de recursos en vía administrativa y jurisdiccional contra las resoluciones de los órganos de selección.

19. Según el artículo 32.2 del EBEP:

a) No se puede garantizar el cumplimiento de los convenios colectivos y acuerdos que afecten al personal laboral.
b) Los convenios colectivos y acuerdos que afecten al personal laboral son de obligado cumplimiento, sin excepciones.

c) Se garantiza el cumplimiento de los convenios colectivos y acuerdos que afecten al personal laboral, salvo cuando excepcionalmente y por causa grave de interés público derivada de una alteración sustancial de las circunstancias económicas, los órganos de gobierno de las Administraciones Públicas suspendan o modifiquen el cumplimiento de convenios colectivos o acuerdos ya firmados en la medida estrictamente necesaria para salvaguardar el interés público.

d) Se garantiza el cumplimiento de los convenios colectivos y acuerdos que afecten al personal laboral, salvo cuando excepcionalmente en situaciones de emergencia, las Cortes Generales o las Asambleas autonómicas suspendan o modifiquen el cumplimiento de convenios colectivos o acuerdos ya firmados en la medida estrictamente necesaria para salvaguardar el interés público.

Respuesta correcta: c) Se garantiza el cumplimiento de los convenios colectivos y acuerdos que afecten al personal laboral, salvo cuando excepcionalmente y por causa grave de interés público derivada de una alteración sustancial de las circunstancias económicas, los órganos de gobierno de las Administraciones Públicas suspendan o modifiquen el cumplimiento de convenios colectivos o acuerdos ya firmados en la medida estrictamente necesaria para salvaguardar el interés público.

Según el artículo 32.2 del EBEP, se garantiza el cumplimiento de los convenios colectivos y acuerdos que afecten al personal laboral, salvo cuando excepcionalmente y por causa grave de interés público derivada de una alteración sustancial de las circunstancias económicas, los órganos de gobierno de las Administraciones Públicas suspendan o modifiquen el cumplimiento de convenios colectivos o acuerdos ya firmados en la medida estrictamente necesaria para salvaguardar el interés público.

20. Según el artículo 53.1 del EBEP, los empleados públicos deben a la Constitución y al resto de normas que integran el ordenamiento jurídico:

a) Obediencia.
b) Sometimiento.
c) Respeto.
d) Protección.

Respuesta correcta: c) Respeto.

Según el artículo 53.1 del EBEP, los empleados públicos respetarán la Constitución y el resto de normas que integran el ordenamiento jurídico.

Solución al test n.º 14

1. a) Los derechos y deberes. Código de conducta de los empleados públicos.

2. d) A tiempo completo o a tiempo parcial.

3. d) 5 días hábiles.

4. b) Hijo prematuro o que por cualquier causa deba permanecer hospitalizado a continuación del parto.

5. d) Dieciocho semanas.

6. c) Participación institucional.

7. d) La determinación de condiciones de trabajo del personal directivo.

8. b) Participación institucional.

9. a) Las Juntas de Personal se elegirán mediante listas cerradas a través de un sistema proporcional corregido, y los Delegados de Personal mediante listas abiertas y sistema mayoritario.

10. d) Cargos de libre designación de categoría de Director General o asimilados, así como cualquier otro de rango superior.

11. c) Las materias referidas a calendario laboral.

12. c) Entre 6 y 30 funcionarios.

13. b) 75.

14. d) Dos tercios de sus miembros.

15. c) Podrán presentar candidaturas las organizaciones sindicales legalmente constituidas o las coaliciones de estas, y los grupos de electores de una misma unidad electoral, siempre que el número de ellos sea equivalente, al menos, al triple de los miembros a elegir.

16. c) Si los Acuerdos ratificados tratan sobre materias sometidas a reserva de ley que, en consecuencia, solo pueden ser determinadas definitivamente por las Cortes Generales o las asambleas legislativas de las comunidades autónomas, su contenido conservará eficacia directa mientras no sean rechazados.

17. b) La determinación de condiciones de trabajo de los empleados de la Administración Pública.

18. d) Sí, tanto en vía administrativa como en la jurisdiccional.

19. c) Se garantiza el cumplimiento de los convenios colectivos y acuerdos que afecten al personal laboral, salvo cuando excepcionalmente y por causa grave de interés público derivada de una alteración sustancial de las circunstancias económicas, los órganos de gobierno de las Administraciones Públicas suspendan o modifiquen el cumplimiento de convenios colectivos o acuerdos ya firmados en la medida estrictamente necesaria para salvaguardar el interés público.

20. c) Respeto.

TEST N.º 15

El presupuesto del Estado en España. Contenido, elaboración y estructura. Fases del ciclo presupuestario

1. Indica cuál de los siguientes principios no se deben cumplir inexcusablemente en un presupuesto:

a) Contempla una previsión de los ingresos y gastos.
b) Es un acto de previsión.
c) Se expresa en un lenguaje contable.
d) El presupuesto en una previsión normativa.

2. ¿En qué artículo de la Ley 47/2003, General Presupuestaria, se define el presupuesto General del Estado?

a) En el 15.
b) En el 19.
c) En el 32.
d) En el 33.

3. ¿En qué artículo de la Ley 47/2003, General Presupuestaria, se define el contenido de los presupuestos?

a) En el 32.
b) En el 33.
c) En el 34.
d) En el 35.

4. Indica cuál de los siguientes enunciados no corresponde con el contenido del Presupuesto General del Estado:

a) Las obligaciones económicas que, como máximo, pueden reconocer los sujetos referidos en el párrafo a) del apartado 1 del artículo 33.
b) Los objetivos a alcanzar en el ejercicio por cada uno de los gestores responsables de los programas con los recursos que el respectivo presupuesto les asigna.

c) Las operaciones exclusivamente financieras a realizar por las entidades contempladas en el párrafo b) del apartado 1 del artículo 33.

d) La estimación de los beneficios fiscales que afecten a los tributos del Estado.

5. Corresponde la elaboración de los Presupuestos Generales del Estado, según el art. 134.1 de la Constitución:

a) Al Gobierno.
b) Al Estado.
c) A las Cortes Generales.
d) Al Tribunal de Cuentas.

6. De acuerdo con lo previsto en el artículo 134.3 de la Constitución, el Gobierno deberá presentar ante el Congreso de los Diputados los Presupuestos Generales del Estado al menos:

a) Dos meses antes de la expiración de los del año anterior.
b) Tres meses antes de la expiración de los del año anterior.
c) Un mes antes de la expiración de los del año anterior.
d) Cuatro meses antes de la expiración de los del año anterior.

7. Indica cuál de los siguientes enunciados no es correcto:

a) La Ley de Presupuestos puede crear y modificar tributos.

b) Si la Ley de Presupuestos no se aprobara antes del primer día del ejercicio económico correspondiente, se considerarán automáticamente prorrogados los Presupuestos del ejercicio anterior hasta la aprobación de los nuevos.

c) Toda proposición o enmienda que suponga aumento de los créditos o disminución de los ingresos presupuestarios requerirá la conformidad del Gobierno para su tramitación.

d) Los Presupuestos Generales del Estado tendrán carácter anual, incluirán la totalidad de los gastos e ingresos del sector público estatal y en ellos se consignará el importe de los beneficios fiscales que afecten a los tributos del Estado.

8. Conforme al principio de unidad:

a) Se ha de disponer de un cuadro único de ingreso y pagos.

b) El presupuesto debe contener la totalidad de los gastos y los ingresos, de forma separada.

c) Los ingresos y gastos deben reflejarse en el Presupuesto, sin detracción alguna, por su importe íntegro.

d) Los ingresos y gastos de la Hacienda Pública están incluidos en un único presupuesto.

9. El principio de especialidad tiene una triple acepción que engloba la especialidad:

a) Cualitativa, formal y temporal.
b) Descriptiva, cuantitativa y cualitativa.
c) Cualitativa, cuantitativa y temporal.
d) Contable, cuantitativa y cualitativa.

10. El principio de claridad:

a) Establece que el presupuesto debe contener la totalidad de los gastos y los ingresos, de forma separada.
b) Significa el disponer de un cuadro único de ingresos y pagos que permita una visión clara de la posición financiera del grupo político.
c) Quiere decir que todos los recursos asignados en el presupuesto a un determinado objetivo deberán invertirse exclusivamente en dicha finalidad.
d) Quiere decir que el presupuesto debe estructurarse de tal forma que las diferentes partidas presupuestarias de ingresos y gastos permitan el reconocimiento inmediato de su procedencia y finalidad.

11. Conforme al principio de unidad de caja:

a) Se ha de disponer de un cuadro único de ingresos y pagos.
b) El presupuesto debe contener la totalidad de los gastos y los ingresos, de forma separada.
c) Los ingresos y gastos se expresan en lenguaje contable, en función de diversas clasificaciones.
d) Todos los recursos y gastos de la Hacienda Pública están no solamente incluidos en un solo presupuesto, sino que se dirigen o parten de una sola caja.

12. Según el principio de especificación:

a) Al Presupuesto de un ejercicio solo pueden imputarse ingresos o gastos reconocidos o generados en el año natural.
b) Se ha de disponer de un cuadro único de ingresos y pagos.
c) Se prohíbe la realización de cualquier clase de transferencia entre las diversas partidas contables que integran el presupuesto.
d) Las previsiones de ingresos deben cubrir los gastos presupuestados.

13. Es un principio económico:

a) El principio de ejercicio cerrado.
b) El principio de equilibrio presupuestario.

c) El principio de presupuesto bruto.
d) El principio de claridad.

14. El principio de neutralidad impositiva fue enunciado por:

a) Stiglitz.
b) Adam Smith.
c) J.M. Keynes.
d) David Ricardo.

15. ¿En qué artículo de la Constitución se regulan normas de estabilidad presupuestaria?

a) 14.
b) 132.
c) 135.
d) 143.

En MADTEST tienes **más preguntas de este tema, comentadas y argumentadas**, y todos tus avances quedan registrados y se reflejan en el ranking.

¡Supera tus límites con MADTEST!

A continuación te presentamos algunos ejemplos de preguntas comentadas:

16. De acuerdo con lo dispuesto en la Constitución, el déficit estructural máximo permitido al Estado y las Comunidades Autónomas se determinará por:

a) Ley.
b) Ley orgánica.
c) Decreto ley.
d) Orden ministerial.

Respuesta correcta: b) Ley orgánica.

La fundamentación legal de esta pregunta se basa en lo dispuesto en el artículo 135.2 de la Constitución Española, al indicar que "una Ley Orgánica fijará el déficit estructural máximo permitido al Estado y a las Comunidades Autónomas, en relación con su producto interior bruto. Las Entidades Locales deberán presentar equilibrio presupuestario".

17. Asimismo, y de acuerdo con lo dispuesto en el artículo de la Constitución referido a los principios o normas básicas en materia de estabilidad presupuestaria, los límites de déficit estructural solo podrán superarse en caso de catástrofes naturales, recesión económica o situaciones de emergencia extraordinaria que escapen al control del Estado y perjudiquen considerablemente la situación financiera o la sostenibilidad económica o social del Estado, apreciadas por:

a) La mayoría absoluta de los miembros del Congreso de los Diputados.
b) La mayoría simple de los miembros del Congreso de los Diputados.
c) La mayoría de dos tercios de los miembros del Congreso de los Diputados.
d) Decisión del Consejo de Ministros.

Respuesta correcta: a) La mayoría absoluta de los miembros del Congreso de los Diputados.

La fundamentación legal de esta pregunta se basa en lo dispuesto en el artículo 135.4 de la Constitución Española, al decir que "los límites de déficit estructural y de volumen de deuda pública solo podrán superarse en caso de catástrofes naturales, recesión económica o situaciones de emergencia extraordinaria que escapen al control del Estado y perjudiquen considerablemente la situación financiera o la sostenibilidad económica o social del Estado, apreciadas por la mayoría absoluta de los miembros del Congreso de los Diputados".

18. Son principios enunciados en dicha ley la Ley Orgánica 2/2012, de 27 de abril, de Estabilidad Presupuestaria y Sostenibilidad Financiera:

a) Eficiencia en la asignación y utilización de recursos públicos.
b) Responsabilidad.
c) Sostenibilidad financiera.
d) Todas las respuestas anteriores son correctas.

Respuesta correcta: d) Todas las respuestas anteriores son correctas.

La fundamentación legal a esta pregunta la encontramos en los artículo 4 (sostenibilidad financiera), 7 (eficiencia en la asignación y utilización de los recursos públicos), y 8 (responsabilidad) de la LO 2/2012, de 27 de abril, por lo que la opción correcta es la letra d).

19. Al proyecto de Ley de Presupuestos Generales del Estado se acompañará la siguiente documentación complementaria:

a) Las memorias descriptivas de los programas de gasto y sus objetivos anuales.
b) Un informe económico y financiero, que incluirá una explicación de los contenidos de cada presupuesto, con especificación de las principales modificaciones que presenten en relación con los vigentes.

c) Un anexo con el desarrollo económico de los créditos, por centros gestores de gasto.
d) Todas las respuestas anteriores son correctas.

Respuesta correcta: d) Todas las respuestas anteriores son correctas.

De acuerdo con lo dispuesto en el artículo 37 de la Ley 47/2003, de 26 de noviembre, General Presupuestaria, "al proyecto de Ley de Presupuestos Generales del Estado se acompañará la siguiente documentación complementaria:

a) Las memorias descriptivas de los programas de gasto y sus objetivos anuales.

b) El informe de impacto de género.

c) El informe del impacto en la infancia, en la adolescencia y en la familia.

d) El informe de alineamiento de los Presupuestos Generales del Estado con los Objetivos de Desarrollo Sostenible de la Agenda 2030.

e) Un anexo con el desarrollo económico de los créditos, por centros gestores de gasto.

f) Un anexo, de carácter plurianual de los proyectos de inversión pública, que incluirá su clasificación territorial.

g) La liquidación de los presupuestos del año anterior y un avance de la liquidación del ejercicio corriente.

h) Las cuentas y balances de la Seguridad Social del año anterior.

i) Los estados consolidados de los presupuestos.

j) Un informe económico y financiero, que incluirá una explicación de los contenidos de cada presupuesto, con especificación de las principales modificaciones que presenten en relación con los vigentes.

k) Una memoria de los beneficios fiscales."

20. La aprobación del gasto es el acto por el cual:

a) Se autoriza la realización de un gasto determinado por una cuantía cierta o aproximada, reservando a tal fin la totalidad o parte de un crédito presupuestario.

b) Se acuerda, tras el cumplimiento de los trámites legalmente establecidos, la realización de gastos previamente aprobados, por un importe determinado o determinable.

c) Se declara la existencia de un crédito exigible contra la Hacienda Pública estatal o contra la Seguridad Social, derivado de un gasto aprobado y comprometido y que comporta la propuesta de pago correspondiente.

d) Ninguna de las respuestas anteriores es correcta.

Respuesta correcta: a) Se autoriza la realización de un gasto determinado por una cuantía cierta o aproximada, reservando a tal fin la totalidad o parte de un crédito presupuestario. La fundamentación legal a esta pregunta la encontramos en los artículo 73.2 de la Ley 47/2003, de 26 de noviembre, General Presupuestaria, al indicar que "la aprobación es el acto mediante el cual se autoriza la realización de un gasto determinado por una cuantía cierta o aproximada, reservando a tal fin la totalidad o parte de un crédito presupuestario".

Solución al test n.º 15

1. a) Contempla una previsión de los ingresos y gastos.

2. c) En el 32.

3. b) En el 33.

4. c) Las operaciones exclusivamente financieras a realizar por las entidades contempladas en el párrafo b) del apartado 1 del artículo 33.

5. a) Al Gobierno.

6. b) Tres meses antes de la expiración de los del año anterior.

7. a) La Ley de Presupuestos puede crear y modificar tributos.

8. a) Se ha de disponer de un cuadro único de ingreso y pagos.

9. c) Cualitativa, cuantitativa y temporal.

10. d) Quiere decir que el presupuesto debe estructurarse de tal forma que las diferentes partidas presupuestarias de ingresos y gastos permitan el reconocimiento inmediato de su procedencia y finalidad.

11. d) Todos los recursos y gastos de la Hacienda Pública están no solamente incluidos en un solo presupuesto, sino que se dirigen o parten de una sola caja.

12. c) Se prohíbe la realización de cualquier clase de transferencia entre las diversas partidas contables que integran el presupuesto.

13. b) El principio de equilibrio presupuestario.

14. b) Adam Smith.

15. c) 135.

16. b) Ley orgánica.

17. a) La mayoría absoluta de los miembros del Congreso de los Diputados.

18. d) Todas las respuestas anteriores son correctas.

19. d) Todas las respuestas anteriores son correctas.

20. a) Se autoriza la realización de un gasto determinado por una cuantía cierta o aproximada, reservando a tal fin la totalidad o parte de un crédito presupuestario.

Políticas de igualdad y contra la violencia de género. Políticas de igualdad de trato y no discriminación de las personas LGTBI. Discapacidad y dependencia: régimen jurídico

1. ¿Qué artículo de la Constitución española consagra la igualdad de todos los españoles ante la ley?

a) El artículo 8.
b) El artículo 14.
c) El artículo 21.
d) El artículo 27.

2. Según su artículo 1, la LO 3/2007 tiene por objeto hacer efectivo el derecho de:

a) Conciliación de la vida laboral y familiar de mujeres y hombres.
b) Igualdad de trato y de oportunidades entre mujeres y hombres.
c) Participación en los asuntos públicos en igualdad de condiciones.
d) No discriminación por razón de sexo.

3. Las obligaciones establecidas en la LO 3/2007 son de aplicación:

a) A toda persona, física o jurídica, que se encuentre o actúe en territorio español, cualquiera que fuese su nacionalidad, domicilio o residencia.
b) A todos los ciudadanos españoles, ya sea en territorio español o territorio de cualquier país extranjero.
c) A toda persona, física o jurídica, que se encuentre o actúe en territorio español, con nacionalidad española.
d) A toda persona, física o jurídica, que resida en territorio español, cualquiera que fuese su nacionalidad.

4. Según el artículo 4 de la LO 3/2007, la igualdad de trato y de oportunidades entre mujeres y hombres:

a) Es un deber de las Administraciones Públicas.
b) Es una fuente formal del Derecho.

c) Es un principio informador del ordenamiento jurídico.
d) Es un objetivo fundamental del procedimiento administrativo.

5. El principio de igualdad de trato y de oportunidades entre mujeres y hombres:

a) Solo se aplica en el ámbito del empleo público.
b) Se garantizará incluso en el acceso al trabajo por cuenta propia.
c) No se aplica en la afiliación y participación en organizaciones sindicales o empresariales.
d) Se garantizará en los términos que prevean los convenios colectivos.

6. La situación en que se encuentra una persona que sea, haya sido o pudiera ser tratada, en atención a su sexo, de manera menos favorable que otra en situación comparable, se considera:

a) Discriminación directa.
b) Acoso sexual.
c) Discriminación indirecta.
d) Violencia de género.

7. Una diferencia de trato basada en una característica relacionada con el sexo, ¿constituye discriminación en el acceso al empleo?

a) Sí, en todo caso.
b) No, siempre que la formación necesaria se base en dicha característica.
c) No, siempre que dicha característica constituya un requisito profesional esencial y determinante.
d) No, si debido a la naturaleza de las actividades profesionales concretas o al contexto en el que se lleven a cabo, dicha característica constituya un requisito profesional esencial y determinante, siempre y cuando el objetivo sea legítimo y el requisito proporcionado.

8. En virtud del artículo 6.2 de la LO 3/2007, la situación en que una disposición, criterio o práctica aparentemente neutros pone a personas de un sexo en desventaja particular con respecto a personas del otro:

a) En cualquier caso constituirá discriminación directa.
b) En cualquier caso constituirá discriminación indirecta.
c) No se considera discriminación indirecta si dicha disposición, criterio o práctica pueden justificarse objetivamente en atención a una finalidad legítima y los medios para alcanzar dicha finalidad son necesarios y adecuados.
d) En ningún caso podrá considerarse discriminación.

9. Conforme al artículo 6.3 de la LO 3/2007, toda orden de discriminar por razón de sexo:

a) Solo se considera discriminatoria si se ordena discriminar directamente.
b) En ningún caso se puede considerar discriminatoria.

c) Solo se considera discriminatoria si ordena una discriminación indirecta.

d) En cualquier caso se considera discriminatoria, sea directa o indirecta.

10. A los efectos de la LO 3/2007, definimos como acoso sexual:

a) Cualquier comportamiento realizado en función del sexo de una persona, con el propósito o el efecto de atentar contra su dignidad y de crear un entorno intimidatorio, degradante u ofensivo.

b) La situación en que una disposición, criterio o práctica aparentemente neutros pone a personas de un sexo en desventaja particular con respecto a personas del otro, salvo que dicha disposición, criterio o práctica puedan justificarse objetivamente en atención a una finalidad legítima y que los medios para alcanzar dicha finalidad sean necesarios y adecuados.

c) Todo trato desfavorable a las mujeres relacionado con el embarazo o la maternidad.

d) Cualquier comportamiento, verbal o físico, de naturaleza sexual que tenga el propósito o produzca el efecto de atentar contra la dignidad de una persona, en particular cuando se crea un entorno intimidatorio, degradante u ofensivo.

11. Para prevenir la realización de conductas discriminatorias en los actos y las cláusulas de los negocios jurídicos, el artículo 10 de la LO 3/2007 prevé la existencia de un sistema de sanciones eficaz y:

a) Proporcionado.

b) Comprensible.

c) Cuantificable.

d) Disuasorio.

12. Con el fin de hacer efectivo el derecho constitucional de la igualdad, los Poderes Públicos adoptarán medidas específicas en favor de las mujeres para corregir situaciones patentes de desigualdad de hecho respecto de los hombres. Tales medidas, que serán aplicables en tanto subsistan dichas situaciones, habrán de ser en relación con el objetivo perseguido en cada caso razonables y:

a) Justificadas.

b) Autorizadas judicialmente.

c) Transparentes.

d) Proporcionadas.

13. Conforme al artículo 12 de la LO 3/2007, cualquier persona podrá recabar de los tribunales la tutela del derecho a la igualdad entre mujeres y hombres, de acuerdo con lo establecido en el artículo 53.2 de la Constitución:

a) Siempre que la relación en la que supuestamente se produce la discriminación se encuentre vigente.

b) Incluso tras la terminación de la relación en la que supuestamente se ha producido la discriminación.

c) Siempre que se haya dado por terminada la relación en la que supuestamente se produce la discriminación.

d) A menos que se haya procedido a la suspensión de la relación en la que supuestamente se produce la discriminación.

14. La capacidad y la legitimación para intervenir en los procesos civiles, sociales y contencioso-administrativos que versen sobre la defensa del derecho de igualdad entre mujeres y hombres, corresponden a:

a) La persona acosada, únicamente.

b) Cualquier ciudadano.

c) Las personas físicas y jurídicas con interés legítimo.

d) Cualquier persona jurídica.

15. De acuerdo con las leyes procesales, en aquellos procedimientos en los que las alegaciones de la parte actora se fundamenten en actuaciones discriminatorias, por razón de sexo, corresponderá a la persona demandada probar la ausencia de discriminación en las medidas adoptadas y su proporcionalidad. A tales efectos, el órgano judicial:

a) A instancia de parte, podrá recabar, si lo estimase útil y pertinente, informe o dictamen de los organismos públicos competentes.

b) Deberá recabar informe o dictamen de los organismos públicos competentes.

c) De oficio, podrá recabar, si lo estimase útil y pertinente, informe o dictamen de los organismos públicos competentes.

d) De oficio o a instancia de parte, podrá recabar, si lo estimase útil y pertinente, informe o dictamen de los organismos públicos competentes.

En MADTEST tienes **más preguntas de este tema, comentadas y argumentadas**, y todos tus avances quedan registrados y se reflejan en el ranking.

¡Supera tus límites con MADTEST!

A continuación te presentamos algunos ejemplos de preguntas comentadas:

16. Un criterio general de actuación de los Poderes Públicos, según el artículo 14 de la LO 3/2007, es el establecimiento de medidas que aseguren la .... del trabajo y de la vida personal y familiar de las mujeres y los hombres, así como el fomento de la .... en las labores domésticas y en la atención a la familia. ¿Qué dos palabras completan acertadamente la frase anterior?

a) Conciliación y corresponsabilidad.

b) Estabilidad y cooperación.

c) Corresponsabilidad y cooperación.
d) Estabilidad y conciliación.

Respuesta correcta: a) Conciliación y corresponsabilidad.

Según el artículo 14 de la LO 3/2007, a los fines de esta Ley, serán criterios generales de actuación de los Poderes Públicos:

8. El establecimiento de medidas que aseguren la conciliación del trabajo y de la vida personal y familiar de las mujeres y los hombres, así como el fomento de la corresponsabilidad en las labores domésticas y en la atención a la familia.

17. Conforme al artículo 15 de la LO 3/2007, las Administraciones Públicas integrarán el principio de igualdad de trato y oportunidades entre hombres y mujeres en la adopción y ejecución de sus disposiciones normativas, en la definición y presupuestación de políticas públicas en todos los ámbitos y en el desarrollo del conjunto de todas sus actividades, de forma:

a) Activa.
b) Inteligente.
c) Visible.
d) Coordinada.

Respuesta correcta: a) Activa.

Según el artículo 15 de la LO 3/2007, el principio de igualdad de trato y oportunidades entre mujeres y hombres informará, con carácter transversal, la actuación de todos los Poderes Públicos. Las Administraciones públicas lo integrarán, de forma activa, en la adopción y ejecución de sus disposiciones normativas, en la definición y presupuestación de políticas públicas en todos los ámbitos y en el desarrollo del conjunto de todas sus actividades.

18. El artículo 18 de la LO 3/2007, exige al Gobierno la elaboración de un informe periódico sobre el conjunto de sus actuaciones en relación con la efectividad del principio de igualdad entre mujeres y hombres. Los términos en que se elaborarán estos informes se determinarán:

a) Por ley orgánica.
b) Por ley.
c) Reglamentariamente.
d) En una ley de bases.

Respuesta correcta: c) Reglamentariamente.

Según el artículo 18 de la LO 3/2007, en los términos que reglamentariamente se determinen, el Gobierno elaborará un informe periódico sobre el conjunto de sus actuaciones en relación con la efectividad del principio de igualdad entre mujeres y hombres. De este informe se dará cuenta a las Cortes Generales.

19. Los proyectos de disposiciones de carácter general y los planes de especial relevancia económica, social, cultural y artística que se sometan a la aprobación del Consejo de Ministros deberán incorporar:

a) Un Plan Estratégico de Igualdad de Oportunidades.

b) Una estadística o encuesta que posibilite el conocimiento de las diferencias en los valores, roles, situaciones y condiciones, de mujeres y hombres en el ámbito de acción del proyecto o plan.

c) Un informe periódico sobre el conjunto de sus actuaciones en relación con la efectividad del principio de igualdad entre mujeres y hombres.

d) Un informe sobre su impacto por razón de género.

Respuesta correcta: d) Un informe sobre su impacto por razón de género.

Según el artículo 19 de la LO 3/2007, los proyectos de disposiciones de carácter general y los planes de especial relevancia económica, social, cultural y artística que se sometan a la aprobación del Consejo de Ministros deberán incorporar un informe sobre su impacto por razón de género.

20. Según el artículo 44.3 de la LO 3/2007, el derecho de los padres a un permiso y una prestación por paternidad se reconoció:

a) Para disminuir la brecha salarial entre hombres y mujeres.

b) Para contribuir a un reparto más equilibrado de las responsabilidades familiares.

c) Para facilitar el apego de los hijos a los padres.

d) Para consolidar la conciliación de la vida personal, familiar y laboral de las mujeres.

Respuesta correcta: b) Para contribuir a un reparto más equilibrado de las responsabilidades familiares.

Según el artículo 44.3 de la LO 3/2007, para contribuir a un reparto más equilibrado de las responsabilidades familiares, se reconoce a los padres el derecho a un permiso y una prestación por paternidad, en los términos previstos en la normativa laboral y de Seguridad Social.

Solución al test n.º 16

1. b) El artículo 14.

2. b) Igualdad de trato y de oportunidades entre mujeres y hombres.

3. a) A toda persona, física o jurídica, que se encuentre o actúe en territorio español, cualquiera que fuese su nacionalidad, domicilio o residencia.

4. c) Es un principio informador del ordenamiento jurídico.

5. b) Se garantizará incluso en el acceso al trabajo por cuenta propia.

6. a) Discriminación directa.

7. d) No, si debido a la naturaleza de las actividades profesionales concretas o al contexto en el que se lleven a cabo, dicha característica constituya un requisito profesional esencial y determinante, siempre y cuando el objetivo sea legítimo y el requisito proporcionado.

8. c) No se considera discriminación indirecta si dicha disposición, criterio o práctica pueden justificarse objetivamente en atención a una finalidad legítima y los medios para alcanzar dicha finalidad son necesarios y adecuados.

9. d) En cualquier caso se considera discriminatoria, sea directa o indirecta.

10. d) Cualquier comportamiento, verbal o físico, de naturaleza sexual que tenga el propósito o produzca el efecto de atentar contra la dignidad de una persona, en particular cuando se crea un entorno intimidatorio, degradante u ofensivo.

11. d) Disuasorio.

12. d) Proporcionadas.

13. b) Incluso tras la terminación de la relación en la que supuestamente se ha producido la discriminación.

14. c) Las personas físicas y jurídicas con interés legítimo.

15. a) A instancia de parte, podrá recabar, si lo estimase útil y pertinente, informe o dictamen de los organismos públicos competentes.

16. a) Conciliación y corresponsabilidad.

17. a) Activa.

18. c) Reglamentariamente.

19. d) Un informe sobre su impacto por razón de género.

20. b) Para contribuir a un reparto más equilibrado de las responsabilidades familiares.

II. Actividad Administrativa y Ofimática

Atención al público: acogida e información al ciudadano. Atención de personas con discapacidad

1. ¿Cuál de los siguientes se conoce también como lenguaje kinésico?

a) Lenguaje oral.
b) Lenguaje telefónico.
c) Lenguaje corporal.
d) Lenguaje escrito.

2. La comunicación que busca un balance ideal entre las posturas agresivas y pasivas de comunicación, para mantener un proceso franco, equitativo y respetuoso de intercambio de información, es fruto del llamado comportamiento:

a) Asertivo.
b) Administrativo.
c) Primario.
d) Profesional.

3. Según la Ley 39/2015, de 1 de octubre, del Procedimiento Administrativo Común de las Administraciones Públicas, las personas físicas:

a) Podrán elegir si se comunican con las Administraciones Públicas a través de medios electrónicos o no.
b) Podrán optar por un medio de comunicación y este no podrá ser modificado.
c) Proveerán los medios y sistemas electrónicos con los que desean comunicarse.
d) No podrán ser obligadas a relacionarse a través de medios electrónicos con las Administraciones Públicas.

4. ¿En cuál de las siguientes funciones del lenguaje, según el lingüista Jakobson, la intención comunicativa es influir sobre la conducta del receptor para que, por ejemplo, cambie de actitud o se interese por algo?

a) Representativa.
b) Apelativa o conativa.

c) Expresiva o emotiva.
d) Fática o de contacto.

5. Se denomina así a todo elemento perturbador, ajeno al emisor y al receptor, capaz de entorpecer el proceso de comunicación e incluso anularlo:

a) Código.
b) Ruido.
c) *Feedback*.
d) Retroalimentación.

6. Las personas con las que alguna que otra vez hemos tratado reaccionan de modo distinto ante las mismas motivaciones. Para atenderles de manera adecuada debemos:

a) Ignorar al cliente.
b) Actuar con eficacia.
c) Conocer y saber tratar cada tipo de personalidad.
d) Poner en tela de juicio sus opiniones.

7. La actitud y el comportamiento que las personas tienen frente a las circunstancias dependen de lo que han visto en su entorno, fijándose en el grupo social al que pertenecen. Se adquiere a través de:

a) La experiencia.
b) El aprendizaje.
c) La herencia.
d) Las dificultades.

8. Ante un cliente inquisitivo que solicita información con mucha meticulosidad, numerosas preguntas y una actitud crítica, el trato del informador público debe basarse en:

a) Permanecer impasible.
b) Presentar argumentos.
c) Tener conocimientos técnicos.
d) Mantenerse firme.

9. En la comunicación entre dos personas pueden existir fallos. Las siguientes son algunas de las causas psicológicas que justifican esos fallos EXCEPTO una; señala cuál:

a) No sabemos escuchar.
b) Utilizamos un lenguaje excesivamente técnico.
c) Nuestro estado emocional condiciona lo que queremos decir.
d) Mantenemos una actitud defensiva.

10. Señala la respuesta incorrecta. Una explicación es una descripción de cómo, cuándo o por qué ocurre algo. En la explicación:

a) Nos aseguraremos de dar la información correcta.
b) Evitaremos tecnicismos, utilizando un lenguaje simple y coloquial.
c) Interpretaremos lo que el ciudadano cliente quiere decir para asegurarnos la razón de su demanda.
d) No asumiremos que el cliente sabe de temas de la Administración.

11. Cuando la comunicación va dirigida a un grupo sin precisar nombres de personas, se dice que es una comunicación:

a) Informal.
b) Intrapersonal.
c) Genérica.
d) Vertical.

12. Indica la respuesta incorrecta. En cuanto a la escucha activa, es una técnica que:

a) Utiliza el lenguaje verbal.
b) Permite tranquilizar y relajar el ánimo del cliente.
c) Refleja la actitud de estar al servicio del cliente.
d) Transmite interés por el problema.

13. Las reglas para tratar una reclamación de un cliente agresivo son las siguientes EXCEPTO una; señala cuál:

a) Permanecer calmado.
b) Escuchar objetivamente la situación.
c) Evitar establecer hechos desviando el motivo de la reclamación para disminuir la tensión.
d) Proponer una solución.

14. Uno de los aspectos positivos del *feedback* es:

a) Aclara las relaciones entre personas y ayuda a comprender mejor al otro.
b) Escucha y resume las ideas básicas.
c) Establece un clima agradable.
d) Evita distracciones.

15. Para mejorar la comunicación con un ciudadano que demanda información se debe:

a) Pensar en la respuesta a darle mientras se le escucha.
b) Usar frases simples.
c) Emplear un lenguaje técnico que muestre competencia.
d) Interpretar la petición para asegurar la buena comprensión.

En MADTEST tienes **más preguntas de este tema, comentadas y argumentadas**, y todos tus avances quedan registrados y se reflejan en el ranking.

¡Supera tus límites con MADTEST!

A continuación te presentamos algunos ejemplos de preguntas comentadas:

16. ¿Qué tipo de retroalimentación se enfoca en señalar errores o deficiencias sin sugerir mejoras?

a) Retroalimentación positiva.
b) Retroalimentación constructiva o correctiva.
c) Retroalimentación negativa.
d) Retroalimentación de desarrollo.

Respuesta correcta: c) Retroalimentación negativa.

Según su orientación, la retroalimentación puede ser positiva, constructiva o negativa. La retroalimentación negativa está enfocada en señalar errores o deficiencias sin sugerir mejoras.

17. El artículo 105 de la Constitución española estableció que la ley regularía el acceso de los ciudadanos a los archivos y registros administrativos, salvo en lo que afecte a los siguientes aspectos. Señala la respuesta incorrecta:

a) La seguridad y defensa del Estado.
b) La averiguación de los delitos.
c) La igualdad de las partes en los procesos judiciales y la tutela judicial efectiva.
d) La intimidad de las personas.

Respuesta correcta: c) La igualdad de las partes en los procesos judiciales y la tutela judicial efectiva.

Según el artículo 105 de la Constitución, la ley regulará:

La audiencia de los ciudadanos, directamente o a través de las organizaciones y asociaciones reconocidas por la ley, en el procedimiento de elaboración de las disposiciones administrativas que les afecten.

El acceso de los ciudadanos a los archivos y registros administrativos, salvo en lo que afecte a la seguridad y defensa del Estado, la averiguación de los delitos y la intimidad de las personas.

El procedimiento a través del cual deben producirse los actos administrativos, garantizando, cuando proceda, la audiencia del interesado.

18. ¿Qué elemento de la comunicación es el papel en el lenguaje escrito?

a) Código.
b) Contexto.
c) Canal.
d) Receptor.

Respuesta correcta: c) Canal.

El canal es el medio por el que transmitimos la información: lenguaje oral (aire), lenguaje escrito (papel), lenguaje gestual (vista).

19. ¿Cuál es el comportamiento característico de personas con baja autoestima y generalmente no manifiestan su opinión?

a) Pasivo.
b) Negativo.
c) Agresivo.
d) Pasivo-agresivo.

Respuesta correcta: a) Pasivo.

El comportamiento pasivo se da cuando una persona no trata de influenciar a otra. Es propio de personas que no suelen tener alta autoestima, sienten temor de actuar de forma agresiva y generalmente no manifiestan su opinión sobre los hechos y las cosas. Los clientes de comportamiento pasivo dudan incluso en decir lo que ellos mismos desean.

20. La norma que regula los derechos de las personas con discapacidad/diversidad funcional y de su inclusión social en España se asienta en :

a) El Real Decreto Legislativo 1/2013 de 29 de noviembre.
b) La Ley 14/1986, de 25 de abril.
c) La Ley 39/2006, de 14 de diciembre.
d) El Real Decreto 1051/*2013*, de 27 de diciembre.

Respuesta correcta: a) Real Decreto Legislativo 1/2013 de 29 de noviembre.

Real Decreto Legislativo 1/2013, de 29 de noviembre, por el que se aprueba el Texto Refundido de la Ley General de derechos de las personas con discapacidad y de su inclusión social.

Solución al test n.º 1

1. c) Lenguaje corporal.

2. a) Asertivo.

3. a) Podrán elegir si se comunican con las Administraciones Públicas a través de medios electrónicos o no.

4. b) Apelativa o conativa.

5. b) Ruido.

6. c) Conocer y saber tratar cada tipo de personalidad.

7. b) El aprendizaje.

8. c) Tener conocimientos técnicos.

9. b) Utilizamos un lenguaje excesivamente técnico.

10. c) Interpretaremos lo que el ciudadano cliente quiere decir para asegurarnos la razón de su demanda.

11. c) Genérica.

12. a) Utiliza el lenguaje verbal.

13. c) Evitar establecer hechos desviando el motivo de la reclamación para disminuir la tensión.

14. a) Aclara las relaciones entre personas y ayuda a comprender mejor al otro.

15. b) Usar frases simples.

16. c) Retroalimentación negativa.

17. c) La igualdad de las partes en los procesos judiciales y la tutela judicial efectiva.

18. c) Canal.

19. a) Pasivo.

20. a) Real Decreto Legislativo 1/2013 de 29 de noviembre.

TEST N.º 2

Los servicios de información administrativa. Información general y particular al ciudadano. Iniciativas. Reclamaciones. Quejas. Peticiones

1. Red de espacios comunes de atención presencial al ciudadano que engloba a los diversos niveles administrativos existentes en España (estatales, autonómicos y locales):

a) Red España 2000.
b) Red SIA.
c) Red 112.
d) Red 060.

2. Las oficinas integradas de atención al ciudadano de nivel intermedio son las que ofrecen servicios:

a) De recepción, registro y remisión de comunicaciones del ciudadano.
b) Telefónicos y telemáticos.
c) De atención y orientación personalizada.
d) Integrados de gestión multi-administración.

3. Tal como recoge el apartado V del Preámbulo de la Ley 39/2015, de 1 de octubre, del Procedimiento Administrativo Común de las Administraciones Públicas (LPACAP), las oficinas en materia de registros existentes hasta entonces pasarán a denominarse:

a) Oficinas de información.
b) Oficinas de asistencia en materia de registros.
c) Oficinas de atención al ciudadano.
d) Oficinas de atención al ciudadano.

4. Dentro de sus respectivos Ministerios, corresponde a las Unidades de Información Administrativa:

a) Crear las oficinas de información y atención al ciudadano del Departamento.
b) Decidir la elaboración y distribución de las publicaciones y demás medios de difusión informativa del Departamento.

c) Crear y mantener actualizada la base de datos de información administrativa del Departamento, para su explotación conjunta con otros órganos administrativos.

d) Recopilar el material de apoyo documental y técnico de las demás unidades de información administrativa del Departamento.

5. ¿Qué tipo de informe corresponde elaborar a las unidades departamentales de información administrativa en el proceso de la elaboración de los impresos y las publicaciones de la unidad destinados al público?

a) Informe facultativo vinculante.
b) Informe preceptivo vinculante.
c) Informe preceptivo no vinculante.
d) Informe facultativo no vinculante.

6. Entre los cometidos de gestión interna de las Unidades departamentales de información administrativa, de publicidad y difusión de la imagen de la información administrativa, no se incluye:

a) Participación en las campañas informativas y de publicidad del Departamento, para asegurar la coordinación en ellas de su estilo y de la imagen de identidad.
b) Promoción de la información administrativa de la unidad.
c) Colaboración en el diseño y mantenimiento de la imagen de identidad en rótulos y material impreso del Departamento.
d) Creación y mantenimiento de bases de datos y catálogos de publicaciones informativas del resto de las Administraciones públicas de interés para la información de la unidad.

7. Es un cometido de obtención, tratamiento y actualización permanente de la información, de las Unidades departamentales de información administrativa:

a) Creación y mantenimiento de las bases de datos propias.
b) Recepción de los textos de las publicaciones para su diseño y reproducción, sin perjuicio de las competencias atribuidas a las unidades editoras departamentales.
c) Mantenimiento de las bases de datos de difusores intermedios o mediadores sociales.
d) Creación y mantenimiento de bases de datos y catálogos de publicaciones informativas del resto de las Administraciones Públicas de interés para la información de la unidad.

8. ¿A qué órgano corresponde cooperar en el desarrollo de las unidades y oficinas de información de los demás Departamentos y organismos de la Administración General del Estado, procurando mantener la necesaria coordinación y cohesión entre ellos para lograr un nivel y un sistema homogéneos de atención al ciudadano?

a) Comisión Interministerial de Información Administrativa.
b) Comité interdepartamental de Atención al Ciudadano.
c) Registro Electrónico General.
d) Centro de Información Administrativa.

9. Cuando el volumen y la especialidad de la demanda informativa justifiquen su existencia, podrán existir, Oficinas de información y atención al ciudadano con carácter de oficinas sectoriales:

a) En los servicios y dependencias provinciales de los Departamentos ministeriales y entidades de Derecho Público vinculadas o dependientes de ellos.

b) En las Delegaciones del Gobierno en las Comunidades Autónomas.

c) En las Subdelegaciones del Gobierno en las provincias.

d) En las Delegaciones Insulares del Gobierno.

10. ¿Qué nivel orgánico ostenta el Instituto para la Evaluación de las Políticas Públicas?

a) Subsecretaría.

b) Secretaría General Técnica.

c) Dirección General.

d) Subdirección General.

11. La información particular es:

a) La referida a los requisitos jurídicos o técnicos que las disposiciones impongan a los proyectos, actuaciones o solicitudes que los ciudadanos se propongan realizar.

b) La concerniente al estado o contenido de los procedimientos en tramitación, y a la identificación de las autoridades y personal al servicio de las Administración General del Estado y de las entidades de derecho público vinculadas o dependientes de la misma bajo cuya responsabilidad se tramiten aquellos procedimientos.

c) La referente a la tramitación de procedimientos, a los servicios públicos y prestaciones, así como a cualesquiera otros datos que los ciudadanos tengan necesidad de conocer en sus relaciones con las Administraciones Públicas, en su conjunto, o con alguno de sus ámbitos de actuación.

d) La relativa a la identificación, fines, competencia, estructura, funcionamiento y localización de organismos y unidades administrativas.

12. En relación con la información particular, es cierto que:

a) Se facilitará obligatoriamente a los ciudadanos, sin exigir para ello la acreditación de legitimación alguna.

b) Solo podrá ser facilitada a las personas que tengan la condición de interesados en cada procedimiento o a sus representantes legales.

c) No podrá referirse a los datos de carácter personal que afecten de alguna forma a la intimidad o privacidad de las personas físicas.

d) Cuando resulte conveniente una mayor difusión, deberá ofrecerse a los grupos sociales o instituciones que estén interesados en su conocimiento.

13. ¿Qué funciones de la atención personalizada a los ciudadanos tienen por objeto facilitar a estos la orientación y ayuda que precisen en el momento inicial de su visita, y, en particular, la relativa a la localización de dependencias y funcionarios?

a) Funciones de recepción de las iniciativas o sugerencias formuladas por los ciudadanos.
b) Funciones de orientación e información.
c) Funciones de recepción y acogida a los ciudadanos.
d) Funciones de asistencia a los ciudadanos en el ejercicio del derecho de petición.

14. En la atención personalizada al ciudadano, las funciones de gestión, en relación con los procedimientos administrativos, ¿comprenderá la recepción de la documentación inicial de un expediente?

a) No, en ningún caso.
b) Sí, en todo caso.
c) Sí, siempre que se trate de procedimientos urgentes.
d) Sí, cuando así se haya dispuesto reglamentariamente.

15. Las aclaraciones y ayudas de índole práctica requeridas por los ciudadanos sobre procedimientos, trámites, requisitos y documentación para los proyectos, actuaciones o solicitudes que se propongan realizar, o para acceder al disfrute de un servicio público o beneficiarse de una prestación, no pueden entrañar:

a) Una interpretación normativa.
b) Una simple determinación de conceptos.
c) Una información de opciones legales.
d) Una colaboración en la cumplimentación de impresos o solicitudes.

En MADTEST tienes **más preguntas de este tema, comentadas y argumentadas**, y todos tus avances quedan registrados y se reflejan en el ranking.

¡Supera tus límites con MADTEST!

A continuación te presentamos algunos ejemplos de preguntas comentadas:

16. Es una manifestación o declaración de un ciudadano en la que este transmite una idea con la que pretende la mejora de la calidad o accesibilidad de los servicios, el incremento en el rendimiento o ahorro del gasto público, la simplificación de trámites administrativos o supresión de aquellos considerados innecesarios, propuestas de modificaciones normativas y, con carácter general, propuesta de cualquier medida que suponga un mayor grado de satisfacción de la ciudadanía en sus relaciones con la Administración Pública:

a) Una queja.
b) Una sugerencia.

c) Una reclamación.
d) Una petición.

Respuesta correcta: b) Una sugerencia.

La *Guía para la gestión de Quejas y Sugerencias* (edición 2013) editada por la Agencia Estatal de Evaluación de las Políticas Públicas y la Calidad de los Servicios define la *sugerencia* como:

Sugerencia: manifestación o declaración de un ciudadano en la que éste transmite una idea con la que pretende mejorar los servicios que presta la institución o alguno de sus procesos o bien solicita la prestación de un servicio o actuación no previsto o no ofrecido.

17. Las quejas formuladas conforme a lo previsto en el RD 951/2005, de 29 de julio, por el que se establece el marco general para la mejora de la calidad en la Administración General del Estado:

a) Tendrán la calificación de recurso administrativo.
b) Condicionarán el ejercicio de las restantes acciones o derechos que, de conformidad con la normativa reguladora de cada procedimiento, puedan ejercer aquellos que en se consideren interesados en el procedimiento.
c) Han de formularse por medios telemáticos.
d) Pueden formularse presencialmente.

Respuesta correcta: d) Pueden formularse presencialmente.

Según el artículo 15.2 del *Real Decreto 951/2005, de 29 de julio, por el que se establece el marco general para la mejora de la calidad en la Administración General del Estado*, los usuarios podrán formular sus quejas o sugerencias presencialmente, por correo postal y por medios telemáticos. Las quejas y sugerencias presentadas por correo electrónico o a través de Internet deberán estar suscritas con la firma electrónica del interesado.

18. Según el RD 951/2005, recibida la queja o sugerencia, la unidad responsable de su gestión informará al interesado de las actuaciones realizadas en el plazo de:

a) 10 días hábiles.
b) 15 días hábiles.
c) 20 días hábiles.
d) Un mes.

Respuesta correcta: c) 20 días hábiles.

Según el artículo 16.1 del RD 951/2005, recibida la queja o sugerencia, la unidad a la que se refiere el artículo 14 informará al interesado de las actuaciones realizadas en el plazo de 20 días hábiles.

19. Según el RD 951/2005, al ciudadano que interpone una queja o sugerencia se le podrá requerir que formule las aclaraciones necesarias para su correcta tramitación, en un plazo de:

a) 10 días hábiles.
b) 15 días hábiles.
c) 20 días hábiles.
d) Un mes.

Respuesta correcta: a) 10 días hábiles.

Según el artículo 16.2 del RD 951/2005, el transcurso de dicho plazo se podrá suspender en el caso de que deba requerirse al interesado para que, en un plazo de 10 días hábiles, formule las aclaraciones necesarias para la correcta tramitación de la queja o sugerencia.

20. La unidad tramitadora de quejas o sugerencias, ¿cuándo remitirá a la Inspección General de Servicios de su respectivo ministerio, el informe global de las quejas y sugerencias recibidas en el año anterior?

a) En el mes de enero de cada año.
b) En el primer trimestre del año siguiente.
c) En el primer semestre de cada año.
d) En los primeros quince días del mes de enero de cada año.

Respuesta correcta: a) En el mes de enero de cada año.

Según el artículo 17.3 del RD 951/2005, a estos efectos, la unidad a la que se refiere el artículo 14 remitirá a la Inspección General de Servicios de su respectivo ministerio, en el mes de enero de cada año, un informe global de las quejas y sugerencias recibidas en el año anterior, estructurado conforme a la clasificación prevista en el artículo 15.5 y en el que se incluirá una copia de las contestaciones dadas a las quejas y sugerencias.

Solución al test n.º 2

1. d) Red 060.

2. c) De atención y orientación personalizada.

3. b) Oficinas de asistencia en materia de registros.

4. c) Crear y mantener actualizada la base de datos de información administrativa del Departamento, para su explotación conjunta con otros órganos administrativos.

5. c) Informe preceptivo no vinculante.

6. d) Creación y mantenimiento de bases de datos y catálogos de publicaciones informativas del resto de las Administraciones públicas de interés para la información de la unidad.

7. a) Creación y mantenimiento de las bases de datos propias.

8. d) Centro de Información Administrativa.

9. a) En los servicios y dependencias provinciales de los Departamentos ministeriales y entidades de Derecho Público vinculadas o dependientes de ellos.

10. d) Subdirección General.

11. b) La concerniente al estado o contenido de los procedimientos en tramitación, y a la identificación de las autoridades y personal al servicio de las Administración General del Estado y de las entidades de derecho público vinculadas o dependientes de la misma bajo cuya responsabilidad se tramiten aquellos procedimientos.

12. b) Solo podrá ser facilitada a las personas que tengan la condición de interesados en cada procedimiento o a sus representantes legales.

13. c) Funciones de recepción y acogida a los ciudadanos.

14. d) Sí, cuando así se haya dispuesto reglamentariamente.

15. a) Una interpretación normativa.

16. b) Una sugerencia.

17. d) Pueden formularse presencialmente.

18. c) 20 días hábiles.

19. a) 10 días hábiles.

20. a) En el mes de enero de cada año.

TEST N.º 3

Concepto de documento, registro y archivo. Funciones del registro y del archivo. Clases de archivo y criterios de ordenación

1. El artículo 49.1 de la Ley 16/1985, de 25 de junio, del Patrimonio Histórico Español, lo define como "toda expresión en lenguaje natural o convencional y cualquier otra expresión gráfica, sonora o en imagen, recogidas en cualquier tipo de soporte material, incluso los soportes informáticos":

a) El documento.
b) El registro.
c) El archivo.
d) El expediente.

2. Es una característica del documento de archivo:

a) Es único e irrepetible.
b) Reflejan relaciones entre personas y Administración de forma subjetiva.
c) Carece de carácter seriado.
d) La reproducción en numerosos ejemplares.

3. ¿Cuál de los siguientes caracteres externos del documento alude a la configuración física del documento y a la manera en que se ha conservado?

a) Clase.
b) Forma.
c) Formato.
d) Soporte.

4. Es un carácter interno del documento:

a) Tipo.
b) Formato.
c) Forma.
d) Origen funcional.

5. ¿En qué edad se encuentran los documentos del archivo de gestión?

a) Edad histórica.
b) Edad administrativa.
c) Edad intermedia.
d) Edad preadministrativa.

6. ¿En qué edad del documento predomina claramente el valor secundario?

a) Edad administrativa.
b) Edad intermedia.
c) Edad histórica.
d) Edad prehistórica.

7. Es cierto que la documentación de apoyo informativo:

a) Forma parte del Patrimonio Documental.
b) Se produce como resultado de la gestión administrativa.
c) Es útil para el correcto desarrollo de la actividad administrativa.
d) No puede contener textos legales, boletines oficiales, publicaciones o circulares.

8. Conforme al artículo 26.2 de la LPACAP, para ser considerados válidos, los documentos electrónicos deberán:

a) Contener información de naturaleza jurídica archivada en un soporte electrónico según un formato determinado susceptible de identificación y tratamiento diferenciado.
b) Carecer de datos de identificación que puedan permitir su individualización.
c) Incorporar los metadatos mínimos exigidos.
d) Formar parte de un expediente administrativo.

9. En caso de que excepcionalmente, en un procedimiento, el interesado deba presentar un documento original, tendrá derecho a:

a) Obtener una copia autenticada del documento original.
b) No desprenderse de él, presentándolo únicamente para que el funcionario correspondiente autentifique una copia con la que se quedará, devolviendo el original al interesado.
c) Recuperarlo en un plazo máximo de 30 días.
d) Ninguna norma puede exigir la presentación de documentos originales.

10. En relación con los documentos electrónicos administrativos, no es cierto que:

a) Para ser considerados válidos, los documentos electrónicos administrativos deberán disponer de los datos de identificación que permitan su individualización, sin perjuicio de su posible incorporación a un expediente electrónico.

b) A menos que su naturaleza exija otra forma más adecuada de expresión y constancia, las Administraciones Públicas emitirán los documentos administrativos por escrito, a través de medios electrónicos.

c) Los documentos electrónicos emitidos por las Administraciones Públicas que se publiquen con carácter meramente informativo requieren firma electrónica para ser considerados documentos administrativos.

d) Cualquier documento electrónico emitido por una Administración Pública requerirá que se identifique su origen aunque no forme parte de un expediente administrativo.

11. ¿Cuál de las siguientes afirmaciones en relación con la autenticación de copias es cierta?

a) Las copias auténticas tienen la misma validez que los documentos originales pero distinta eficacia.

b) Las copias auténticas de documentos privados no pueden surtir efectos administrativos.

c) Las copias auténticas realizadas por una Administración Pública solo tienen validez en su ámbito funcional.

d) Los interesados podrán solicitar, en cualquier momento, la expedición de copias auténticas de los documentos públicos administrativos que hayan sido válidamente emitidos por las Administraciones Públicas.

12. En las disposiciones de creación de registros electrónicos no es necesario especificar:

a) Los días declarados como inhábiles.
b) La caducidad del registro.
c) El órgano o unidad responsable de su gestión.
d) La fecha y hora oficial.

13. El proceso tecnológico que permite convertir un documento en soporte papel o en otro soporte no electrónico en un fichero electrónico que contiene la imagen codificada, fiel e íntegra del documento, se conoce en la LPACAP como:

a) Automatización.
b) Fotocopiado.
c) Autenticación.
d) Digitalización.

14. Aquellos documentos e informaciones cuyo régimen especial establezca una forma de presentación en el registro distinta a la que se haya utilizado:

a) No se tendrán por presentados.
b) Paralizarán el procedimiento hasta que sean presentados reglamentariamente.

c) Solo producirán efectos si el instructor ve necesaria su inclusión.

d) Se tendrán por presentados pero no podrán generar derechos.

15. El funcionamiento del registro electrónico:

a) Permitirá la presentación de documentos todos los días hábiles del año durante la jornada laboral de su personal.

b) El inicio del cómputo de los plazos que hayan de cumplir las Administraciones Públicas vendrá determinado por la fecha y hora de presentación en el registro electrónico de cada Administración u Organismo.

c) Los documentos se considerarán presentados por el orden de hora efectiva en el que fueron aceptados por el funcionario habilitado al efecto.

d) El registro electrónico de cualquier Administración u Organismo se regirá a efectos de cómputo de los plazos, por la fecha y hora oficial indicada por el *Central European Time*.

En MADTEST tienes **más preguntas de este tema, comentadas y argumentadas**, y todos tus avances quedan registrados y se reflejan en el ranking.

¡Supera tus límites con MADTEST!

A continuación te presentamos algunos ejemplos de preguntas comentadas:

---

16. ¿Qué calendario de días inhábiles se aplicará en los registros electrónicos a efectos del cómputo de plazos?

a) El que se publique al efecto en el Boletín Oficial del Estado para todos los registros.

b) El que se publique al efecto en el Boletín Oficial de la Comunidad Autónoma para todos los registros ubicados en ella.

c) El que determine la sede electrónica del registro de cada Administración Pública u Organismo.

d) El que determine la sede electrónica del ayuntamiento en cuyo municipio se ubique el registro.

Respuesta correcta: c) El que determine la sede electrónica del registro de cada Administración Pública u Organismo.

Según el artículo 31.3 de la LPACAP, la sede electrónica del registro de cada Administración Pública u Organismo, determinará, atendiendo al ámbito territorial en el que ejerce sus competencias el titular de aquélla y al calendario previsto en el artículo 30.7, los días que se considerarán inhábiles a los efectos previstos en este artículo. Este será el único calendario de días inhábiles que se aplicará a efectos del cómputo de plazos en los registros electrónicos, sin que resulte de aplicación a los mismos lo dispuesto en el artículo 30.6.

17. Se definen por el artículo 59.1 de la *Ley 16/1985, de 25 de junio, del Patrimonio Histórico Español* **como "los conjuntos orgánicos de documentos, o la reunión de varios de ellos, reunidos por las personas jurídicas, públicas o privadas, en el ejercicio de sus actividades, al servicio de su utilización para la investigación, la cultura, la información y la gestión administrativa":**

a) Los archivos.
b) Los registros.
c) Los expedientes.
d) Las bibliotecas.

Respuesta correcta: a) Los archivos.

Según el artículo 59.1 de la Ley 16/1985, son Archivos los conjuntos orgánicos de documentos, o la reunión de varios de ellos, reunidos por las personas jurídicas públicas o privadas, en el ejercicio de sus actividades, al servicio de su utilización para la investigación, la cultura, la información y la gestión administrativa. Asimismo, se entienden por Archivos las instituciones culturales donde se reúnen, conservan, ordenan y difunden para los fines anteriormente mencionados dichos conjuntos orgánicos.

18. Señala la respuesta incorrecta. Atendiendo al ciclo vital de los documentos, el artículo 8 del *Real Decreto 1708/2011, de 18 de noviembre, por el que se establece el Sistema Español de Archivos y se regula el Sistema de Archivos de la Administración General del Estado y de sus Organismos Públicos y su régimen de acceso,* **los Archivos del Sistema de Archivos de la Administración General del Estado, se clasifican en:**

a) Archivos de oficina o de gestión.
b) Archivos generales o centrales de los Ministerios y de los organismos públicos dependientes de los mismos.
c) Archivo de personal.
d) Archivos históricos.

Respuesta correcta: c) Archivo de personal.

Según el artículo 8 del *Real Decreto 1708/2011, de 18 de noviembre, por el que se establece el Sistema Español de Archivos y se regula el Sistema de Archivos de la Administración General del Estado y de sus Organismos Públicos y su régimen de acceso,* los Archivos del Sistema de Archivos de la Administración General del Estado, atendiendo al ciclo vital de los documentos, se clasifican en:

– Archivos de oficina o de gestión.

– Archivos generales o centrales de los Ministerios y de los organismos públicos dependientes de los mismos.

– Archivo intermedio.

– Archivos históricos.

19. Llevar a cabo el proceso de identificación de series y elaborar el cuadro de clasificación es una función de:

a) Los archivos de oficina o de gestión.
b) Los archivos generales o centrales.
c) Los archivos intermedios.
d) Los archivos históricos.

Respuesta correcta: b) Los archivos generales o centrales.

Según el artículo 10.1 del RD 1708/2011, el Archivo Central cumplirá las siguientes funciones:

2.º Llevar a cabo el proceso de identificación de series y elaborar el cuadro de clasificación.

20. No es una función de los archivos de oficina o de gestión:

a) Identificar y llevar a cabo procesos de valoración documental.
b) Acreditar las actuaciones y actividades de la unidad productora.
c) Eliminar los documentos de apoyo informativo antes de la transferencia al Archivo central.
d) Apoyar la gestión administrativa.

Respuesta correcta: a) Identificar y llevar a cabo procesos de valoración documental.

Según el artículo 9 del RD 1708/2011, los archivos de oficina o de gestión cumplirán las siguientes funciones:

1.º Apoyar la gestión administrativa.

2.º Acreditar las actuaciones y actividades de la unidad productora.

3.º Organizar los documentos producidos por sus respectivas unidades.

4.º Transferir los documentos al Archivo central, en la forma y tiempo establecidos en el correspondiente calendario de conservación elaborado de manera conjunta con el Archivo Central, una vez agotado su plazo de permanencia en la unidad productora.

5.º Eliminar los documentos de apoyo informativo antes de la transferencia al Archivo central.

Según el artículo 11 del mismo RD, el Archivo General de la Administración, como archivo intermedio de la Administración General del Estado y adscrito al Ministerio de Cultura, tiene las siguientes funciones:

4.º Identificar y llevar a cabo procesos de valoración documental, a fin de elevar a la Comisión Calificadora departamental o Grupo de Trabajo propuestas de eliminación, o en su caso, de conservación permanente de documentos, en aplicación del procedimiento establecido por la normativa vigente para las agrupaciones documentales acumuladas que no hayan recibido previamente tratamiento archivístico.

Solución al test n.º 3

1. a) El documento.

2. a) Es único e irrepetible.

3. c) Formato.

4. d) Origen funcional.

5. b) Edad administrativa.

6. c) Edad histórica.

7. c) Es útil para el correcto desarrollo de la actividad administrativa.

8. c) Incorporar los metadatos mínimos exigidos.

9. a) Obtener una copia autenticada del documento original.

10. c) Los documentos electrónicos emitidos por las Administraciones Públicas que se publiquen con carácter meramente informativo requieren firma electrónica para ser considerados documentos administrativos.

11. d) Los interesados podrán solicitar, en cualquier momento, la expedición de copias auténticas de los documentos públicos administrativos que hayan sido válidamente emitidos por las Administraciones Públicas.

12. b) La caducidad del registro.

13. d) Digitalización.

14. a) No se tendrán por presentados.

15. b) El inicio del cómputo de los plazos que hayan de cumplir las Administraciones Públicas vendrá determinado por la fecha y hora de presentación en el registro electrónico de cada Administración u Organismo.

16. c) El que determine la sede electrónica del registro de cada Administración Pública u Organismo.

17. a) Los archivos.

18. c) Archivo de personal.

19. b) Los archivos generales o centrales.

20. a) Identificar y llevar a cabo procesos de valoración documental.

TEST N.º 4

Administración electrónica y servicios al ciudadano. La información administrativa. Análisis de principales páginas web de carácter público. Servicios telemáticos. Oficinas integradas de atención al ciudadano. Ventanilla única empresarial. El Punto de Acceso General de la Administración General del Estado

1. Conforme al artículo 9.2 de la LPACAP, los interesados podrán identificarse electrónicamente ante las Administraciones Públicas a través de cualquier sistema que cuente con un registro previo como usuario que permita garantizar su:

a) Identidad.
b) Motivación.
c) Consentimiento.
d) Ubicación.

2. Según el artículo 155.1 de la LRJSP, cada Administración deberá facilitar el acceso de las restantes Administraciones Públicas a los datos relativos a los interesados que obren en su poder, especificando las condiciones, protocolos y criterios funcionales o técnicos necesarios para acceder a dichos datos con las máximas garantías de seguridad, integridad y:

a) Confidencialidad.
b) Transparencia.
c) Interoperabilidad.
d) Disponibilidad.

3. Según el artículo 13.g) de la LPACAP, quienes tienen capacidad de obrar ante las Administraciones Públicas, son titulares, en sus relaciones con ellas, del derecho a la obtención y utilización de:

a) Cualquier medio de identificación y firma electrónica.
b) Los medios de identificación y firma electrónica que tenga a su alcance.
c) Los medios de identificación y firma electrónica contemplados en esta ley.
d) Los medios de identificación y firma electrónica, cuando así corresponda legalmente.

4. Según el artículo 13.a) de la LPACAP, quienes tienen capacidad de obrar ante las Administraciones Públicas son titulares del derecho a comunicarse con estas a través de:

a) Un funcionario habilitado para representarles.
b) Una entidad sin personalidad jurídica.
c) Un Punto de Acceso específico electrónico de la Administración.
d) Un Punto de Acceso General electrónico de la Administración.

5. En relación con el tipo de comunicación del interesado con la Administración no es cierto que:

a) Las personas físicas puedan elegir en todo momento si se comunican con las Administraciones Públicas para el ejercicio de sus derechos y obligaciones a través de medios electrónicos o no, salvo que estén obligadas a relacionarse a través de medios electrónicos con las Administraciones Públicas.
b) Las Administraciones puedan establecer la obligación de relacionarse con ellas a través de medios electrónicos para determinados procedimientos y para ciertos colectivos de personas físicas.
c) Las personas jurídicas están obligadas a relacionarse a través de medios electrónicos con las Administraciones Públicas para la realización de cualquier trámite de un procedimiento administrativo.
d) El medio elegido por la persona para comunicarse con las Administraciones Públicas no puede ser modificado a lo largo del procedimiento.

6. No están obligados a relacionarse a través de medios electrónicos con las Administraciones Públicas para la realización de cualquier trámite de un procedimiento administrativo:

a) Las entidades sin personalidad jurídica.
b) Todo aquel que ostente la representación de un interesado.
c) Quienes ejerzan una actividad profesional para la que se requiera colegiación obligatoria, para los trámites y actuaciones que realicen con las Administraciones Públicas en ejercicio de dicha actividad profesional.
d) Las personas jurídicas.

7. Según el artículo 14 de la LPACAP, NO están obligados a relacionarse electrónicamente con las Administraciones Públicas para la realización de cualquier trámite de un procedimiento administrativo:

a) Los empleados de las Administraciones Públicas en toda relación con estas.
b) Los notarios, en el ejercicio de su actividad profesional.
c) Los registradores mercantiles, en el ejercicio de su actividad profesional.
d) Las entidades sin personalidad jurídica.

8. ¿Pueden las Administraciones Públicas establecer la obligación de relacionarse con ellas a través de medios electrónicos a otros colectivos distintos de los que la LPACAP menciona expresamente en su artículo 14.2?

a) No, solo podrá obligarse a los mencionados en dicho artículo.

b) También están obligados los colectivos de personas físicas que por su capacidad económica tengan acceso a los medios electrónicos necesarios.

c) Sí, para determinados procedimientos, si así se recoge expresamente en una ley.

d) Sí, podrá obligarse reglamentariamente para determinados procedimientos y para ciertos colectivos de personas físicas que, por razón de su capacidad económica, técnica, dedicación profesional u otros motivos quede acreditado que tienen acceso y disponibilidad de los medios electrónicos necesarios.

9. El Reglamento (UE) 910/2014 la define como "aquella firma electrónica que cumple con los siguientes requisitos: estar vinculada al firmante de manera única; permitir la identificación del firmante; haber sido creada utilizando datos de creación de la firma electrónica que el firmante puede utilizar, con un alto nivel de confianza, bajo su control exclusivo; estar vinculada con los datos firmados por la misma de modo tal que cualquier modificación ulterior de los mismos sea detectable". Se trata de la:

a) Firma electrónica reconocida.

b) Firma electrónica avanzada.

c) Firma electrónica certificada.

d) Firma electrónica cualificada.

10. Señala la palabra que falta, según el artículo 12.1 de la LPACAP. Las Administraciones Públicas deberán garantizar que los interesados pueden relacionarse con la Administración a través de medios electrónicos, para lo que pondrán a su disposición los .... de acceso que sean necesarios así como los sistemas y aplicaciones que en cada caso se determinen:

a) Portales.

b) Servidores.

c) Canales.

d) Códigos.

11. Una condición para que pueda realizarse válidamente la identificación o firma electrónica en el procedimiento administrativo del interesado por un funcionario público mediante el uso del sistema de firma electrónica del que esté dotado para ello, es que:

a) El interesado disponga de los medios electrónicos necesarios.

b) El interesado esté obligado a relacionarse con la Administración por medios electrónicos.

c) El interesado se identifique ante el funcionario y preste su consentimiento expreso para esta actuación.

d) El interesado sea una persona física o jurídica.

12. Según el artículo 36 de la LPACAP, los actos administrativos:

a) Podrán producirse por escrito a través de medios electrónicos.

b) Deberán producirse siempre por escrito a través de medios electrónicos.

c) Se producirán por escrito, a menos que el interesado exija otro medio de producción.

d) Deberán producirse por escrito a través de medios electrónicos, a menos que su naturaleza exija otra forma más adecuada de expresión y constancia.

13. En relación con el expediente administrativo, NO es cierto, conforme al artículo 70 de la LPACAP, que:

a) Deban tener formato electrónico.

b) Han de incluir la información que tenga carácter auxiliar o de apoyo.

c) En él ha de constar copia electrónica certificada de la resolución adoptada.

d) Ha de incluir un índice numerado de todos los documentos que contenga cuando se remita.

14. No es cierto, conforme al artículo 70.3 de la LPACAP, que, cuando en virtud de una norma sea preciso remitir el expediente electrónico, se enviará:

a) Por partes.

b) Foliado.

c) Autentificado.

d) Acompañado de un índice de los documentos que contenga.

15. Conforme al artículo 131 de la LPACAP, la publicación del «Boletín Oficial del Estado» en la sede electrónica del Organismo competente tendrá, en las condiciones y con las garantías que se determinen reglamentariamente, carácter oficial y:

a) Auténtico.

b) Básico.

c) Informativo.

d) Consultivo.

En MADTEST tienes **más preguntas de este tema, comentadas y argumentadas**, y todos tus avances quedan registrados y se reflejan en el ranking.

¡Supera tus límites con MADTEST!

A continuación te presentamos algunos ejemplos de preguntas comentadas:

16. Según el artículo 38.3 de la LRJSP, cada Administración Pública determinará las condiciones e instrumentos de creación de las sedes electrónicas, con sujeción a varios principios, entre los que no figura el de:

a) Neutralidad.
b) Accesibilidad.
c) Coordinación.
d) Publicidad.

Respuesta correcta: c) Coordinación.
Según el artículo 38.3 de la LRJSP, cada Administración Pública determinará las condiciones e instrumentos de creación de las sedes electrónicas, con sujeción a los principios de transparencia, publicidad, responsabilidad, calidad, seguridad, disponibilidad, accesibilidad, neutralidad e interoperabilidad.

17. Se define en el artículo 39 de la LRJSP como el punto de acceso electrónico cuya titularidad corresponda a una Administración Pública, organismo público o entidad de Derecho Público que permite el acceso a través de internet a la información publicada y, en su caso, a la sede electrónica correspondiente:

a) Portal de transparencia.
b) Plataforma oficial.
c) Portal web.
d) Portal de internet.

Respuesta correcta: d) Portal de internet.

Según el artículo 39 de la LRJSP, se entiende por portal de internet el punto de acceso electrónico cuya titularidad corresponda a una Administración Pública, organismo público o entidad de Derecho Público que permite el acceso a través de internet a la información publicada y, en su caso, a la sede electrónica correspondiente.

18. Según el artículo 41.1 de la LRJSP, se entiende por actuación administrativa automatizada:

a) Cualquier acto o actuación realizada íntegramente a través de medios electrónicos por una Administración Pública en el marco de un procedimiento administrativo y en la que no haya intervenido de forma directa un empleado público.
b) Cualquier acto o actuación realizada al menos en parte a través de medios electrónicos por una Administración Pública en el marco de un procedimiento administrativo y en la que no haya intervenido de forma directa un empleado público.
c) Cualquier acto o actuación realizada íntegramente a través de medios electrónicos por una Administración Pública en el marco de un procedimiento administrativo y en la que haya intervenido de forma directa un empleado público.

d) Cualquier acto o actuación realizada al menos en parte a través de medios electrónicos por una Administración Pública en el marco de un procedimiento administrativo y en la que haya intervenido de forma directa un empleado público.

Respuesta correcta: a) Cualquier acto o actuación realizada íntegramente a través de medios electrónicos por una Administración Pública en el marco de un procedimiento administrativo y en la que no haya intervenido de forma directa un empleado público.

Según el artículo 41.1 de la LRJSP, se entiende por actuación administrativa automatizada, cualquier acto o actuación realizada íntegramente a través de medios electrónicos por una Administración Pública en el marco de un procedimiento administrativo y en la que no haya intervenido de forma directa un empleado público.

19. En relación con la firma electrónica del personal al servicio de las Administraciones Públicas, es cierto que:

a) En ningún caso, los sistemas de firma electrónica podrán referirse solo el número de identificación profesional del empleado público.

b) La actuación de una Administración Pública, órgano, organismo público o entidad de derecho público, cuando utilice medios electrónicos, se realizará mediante firma electrónica del titular del órgano o empleado público.

c) Cada Administración Pública determinará los sistemas de firma electrónica que debe utilizar su personal, los cuales deberán identificar de forma separada al titular del puesto de trabajo o cargo y a la Administración u órgano en la que presta sus servicios.

d) Con el fin de favorecer la interoperabilidad y posibilitar la verificación automática de la firma electrónica de los documentos electrónicos, cuando una Administración utilice sistemas de firma electrónica distintos de aquellos basados en certificado electrónico reconocido o cualificado, para remitir o poner a disposición de otros órganos, organismos públicos, entidades de Derecho Público o Administraciones la documentación firmada electrónicamente, deberá superponer un sello electrónico basado en un certificado electrónico reconocido.

Respuesta correcta: b) La actuación de una Administración Pública, órgano, organismo público o entidad de derecho público, cuando utilice medios electrónicos, se realizará mediante firma electrónica del titular del órgano o empleado público.

Según el artículo 43.1 de la LRJSP, sin perjuicio de lo previsto en los artículos 38, 41 y 42, la actuación de una Administración Pública, órgano, organismo público o entidad de derecho público, cuando utilice medios electrónicos, se realizará mediante firma electrónica del titular del órgano o empleado público.

20. El Esquema Nacional de Seguridad está constituido por los principios básicos y requisitos mínimos que garanticen adecuadamente la seguridad de la información tratada. Entre los principios básicos figura:

a) Protección de las instalaciones.
b) Seguridad por defecto.

c) Reevaluación periódica.

d) Prevención ante otros sistemas de información interconectados.

Respuesta correcta: c) Reevaluación periódica.

Según el artículo 5 del *Real Decreto 311/2022, de 3 de mayo, por el que se regula el Esquema Nacional de Seguridad*, el objeto último de la seguridad de la información es garantizar que una organización podrá cumplir sus objetivos, desarrollar sus funciones y ejercer sus competencias utilizando sistemas de información. Por ello, en materia de seguridad de la información deberán tenerse en cuenta los siguientes principios básicos:

 f) Reevaluación periódica.

Solución al test n.º 4

1. a) Identidad.

2. d) Disponibilidad.

3. c) Los medios de identificación y firma electrónica contemplados en esta ley.

4. d) Un Punto de Acceso General electrónico de la Administración.

5. d) El medio elegido por la persona para comunicarse con las Administraciones Públicas no puede ser modificado a lo largo del procedimiento.

6. b) Todo aquel que ostente la representación de un interesado.

7. a) Los empleados de las Administraciones Públicas en toda relación con estas.

8. d) Sí, podrá obligarse reglamentariamente para determinados procedimientos y para ciertos colectivos de personas físicas que, por razón de su capacidad económica, técnica, dedicación profesional u otros motivos quede acreditado que tienen acceso y disponibilidad de los medios electrónicos necesarios.

9. b) Firma electrónica avanzada.

10. c) Canales.

11. c) El interesado se identifique ante el funcionario y preste su consentimiento expreso para esta actuación.

12. d) Deberán producirse por escrito a través de medios electrónicos, a menos que su naturaleza exija otra forma más adecuada de expresión y constancia.

13. b) Han de incluir la información que tenga carácter auxiliar o de apoyo.

14. a) Por partes.

15. a) Auténtico.

16. c) Coordinación.

17. d) Portal de internet.

18. a) Cualquier acto o actuación realizada íntegramente a través de medios electrónicos por una Administración Pública en el marco de un procedimiento administrativo y en la que no haya intervenido de forma directa un empleado público.

19. b) La actuación de una Administración Pública, órgano, organismo público o entidad de derecho público, cuando utilice medios electrónicos, se realizará mediante firma electrónica del titular del órgano o empleado público.

20. c) Reevaluación periódica.

TEST N.º 5

Informática básica: conceptos fundamentales sobre el hardware y el software. Sistemas de almacenamiento de datos. Sistemas operativos. Nociones básicas de seguridad informática

1. Indica cuál de los siguientes elementos se considera Hardware Básico:

a) CPU.
b) Tarjeta Wifi.
c) DVD.
d) Ninguna de las anteriores.

2. ¿Cuál de los siguientes elementos se puede considerar como Dispositivo de Entrada/Salida bidireccional?

a) Monitor.
b) Tarjeta de red.
c) Teclado.
d) Impresora.

3. Completar la frase. Los datos .... se obtienen del procesador, tras el procesamiento de los datos de entrada:

a) Salida.
b) Finales.
c) Intermedios.
d) Interiores.

4. El principio en relación a los datos e información en un sistema que indica que todos los datos necesarios para generar la información estén disponibles se denomina:

a) Integridad.
b) Encriptación.
c) Unidad.
d) Ninguna de las anteriores.

5. El CD óptico tiene una capacidad de almacenamiento aproximada de:

a) 4 GB.
b) 1 TB.
c) 4.7 GB.
d) 700 MB.

6. La diferencia fundamental entre un disco duro tradicional y un SSD estriba en que:

a) El SSD es más rápido.
b) El SSD no dispone de cabezales.
c) El disco duro dispone de mayor capacidad de almacenamiento.
d) Todas son correctas.

7. ¿El formato de archivos ext2 es típico de que Sistema Operativo?

a) Windows.
b) Linux.
c) Mac.
d) Ninguna es correcta.

8. ¿Qué unidad de almacenamiento de datos es mayor?

a) TeraByte.
b) KiloByte.
c) MegaByte.
d) GigaByte.

9. El virus que hace cada vez más lento e inoperativo al PC infectado se denomina:

a) Gusano.
b) Troyano.
c) Zombie.
d) Ninguna de las anteriores.

10. ¿Cuál de los siguientes términos NO se refiere a un algoritmo de cifrado?

a) WEP.
b) TKIP.
c) Spam.
d) WPA.

11. ¿Cuál de los siguientes elementos NO es un periférico?

a) Teclado.
b) Ratón.
c) Monitor.
d) Memoria RAM.

12. El tipo de ordenador específicamente diseñado para funcionar 24 horas durante los 7 días de la semana se denomina:

a) Portátil.
b) Servidor.
c) PC.
d) Ninguna de las anteriores.

13. La tecnología de CPU consistente en usar instrucciones simples se denomina:

a) RISC.
b) CISC.
c) DISK.
d) TISK.

14. ¿Qué tipo de memoria se utiliza para albergar la BIOS de un ordenador?

a) RAM.
b) SSD.
c) ROM.
d) Flash.

15. Si la imagen de un monitor muestra colores muy difusos es posible que el problema que tenga es que:

a) Esté imantado.
b) La frecuencia de refresco no es correcta.
c) La resolución no es adecuada.
d) Ninguna de las anteriores.

En MADTEST tienes **más preguntas de este tema, comentadas y argumentadas**, y todos tus avances quedan registrados y se reflejan en el ranking.

¡Supera tus límites con MADTEST!

A continuación te presentamos algunos ejemplos de preguntas comentadas:

16. Un signo de que el idioma seleccionado en Windows no es castellano puede ser:

a) Mala resolución de la imagen.
b) Parpadeo de la pantalla.

c) Los caracteres de las teclas no coinciden con el que indican.
d) Ninguna de las anteriores.

Respuesta correcta: c) Los caracteres de las teclas no coinciden con el que indican.

En este caso es la respuesta correcta ya que las otras opciones se refieren a la tarjeta gráfica o el monitor que indican signos de salida de imagen.

17. Los controladores de los dispositivos están englobados dentro de ¿qué tipo de software?

a) De aplicación.
b) De Sistema.
c) De Programación.
d) Ninguna de las anteriores.

Respuesta correcta: b) De Sistema.

Los controladores son necesarios para que el ordenador funcione correctamente y por eso se engloban dentro de los programas de sistema. Las aplicaciones no son indispensables para el correcto funcionamiento de los equipos.

18. ¿A qué nos podemos referir al usar las palabras booleano, carácter, entero, natural…?

a) Dispositivos.
b) Tipos de datos.
c) Virus.
d) Programas.

Respuesta correcta: b) Tipos de datos.

Efectivamente son distintos tipos de datos que nos podemos encontrar, por ejemplo booleano son datos tipo verdadero o falso, enteros son el conjunto de números enteros, etc.…

19. El elemento Hardware que impide la entrada de intrusos en la red de datos interna o local se denomina:

a) Antivirus.
b) Escáner.
c) Rúter.
d) Firewall.

Respuesta correcta: d) Firewall.

Es la muralla que impide los accesos no autorizados a los sistemas. Los antivirus pueden ejercer también de Firewalls, pero su misión principal es monitorizar el equipo para descubrir software malicioso. El router o rúter es el elemento físico que nos da acceso a Internet.

20. La acción o suceso que compromete la seguridad del sistema se denomina:

a) Vulnerabilidad.
b) Amenaza.
c) Acceso.
d) Identificación.

Respuesta correcta: b) Amenaza.

Amenaza: se considera amenaza a una acción o suceso que compromete la seguridad del sistema. Este hecho puede ser deliberado o no y si aprovecha una vulnerabilidad de nuestro sistema, puede ser realmente preocupante.

Solución al test n.º 5

1. a) CPU.

2. b) Tarjeta de red.

3. c) Intermedios.

4. a) Integridad.

5. d) 700 MB.

6. d) Todas son correctas.

7. b) Linux.

8. a) TeraByte.

9. a) Gusano.

10. c) Spam.

11. d) Memoria RAM.

12. b) Servidor.

13. a) RISC.

14. c) ROM.

15. a) Esté imantado.

16. c) Los caracteres de las teclas no coinciden con el que indican.

17. b) De Sistema.

18. b) Tipos de datos.

19. d) Firewall.

20. b) Amenaza.

TEST N.º 6

Introducción al sistema operativo: el entorno Windows. Fundamentos. Trabajo en el entorno gráfico de Windows: ventanas, iconos, menús contextuales, cuadros de diálogo. El escritorio y sus elementos. El menú inicio. Copilot

1. Los dispositivos que se conectan mediante las entradas que permiten los conectores USB, necesitan, antes de retirarlos del equipo, cerrar todos los procesos que tienen acceso a sus archivos. Para la extracción segura de dispositivos USB se usa la función de:

a) Extracción segura.
b) Extracción USB.
c) Desconexión segura.
d) Desconexión USB.

2. En Windows 11 tenemos una aplicación muy sencilla de configurar que tiene por gran virtud simplificar el trabajo con el escáner físico tradicional, ya que permite escanear y enviar imágenes de documentos a otro fax o a una dirección de correo electrónico. ¿Cuál es su nombre?

a) Impresoras y escáneres.
b) Windows Fax.
c) Windows Scanner.
d) Fax y Escáner.

3. ¿Por qué cantidad de bits está formado un byte?

a) Por 16.
b) Por 8.
c) Por 2.
d) Por 32.

4. ¿Cuál de las siguientes funciones no se encuentra al hacer clic derecho sobre el escritorio?

a) Configurar pantalla.
b) Personalizar iconos del sistema.
c) Ordenar iconos por nombre.
d) Cambiar la fuente del sistema.

5. ¿Qué elemento del escritorio permite acceder a las aplicaciones ancladas y abiertas?

a) Menú Inicio.
b) Escritorio.
c) Barra de tareas.
d) Explorador de archivos.

6. ¿Qué acción realizamos al pulsar la combinación de teclas Windows + D?

a) Se abre el Explorador de archivos.
b) Se minimizan todas las ventanas para mostrar el escritorio.
c) Se abre el menú de configuración rápida.
d) Se activa el modo avión.

7. ¿Cuál de las siguientes aplicaciones sí forma parte del grupo de aplicaciones básicas en Windows 11?

a) Excel.
b) Bloc de notas.
c) Power BI.
d) Edge Dev.

8. ¿Qué permite la nueva barra de herramientas del Bloc de notas cuando trabajamos con archivos .md?

a) Insertar tablas de Excel.
b) Añadir enlaces y texto con formato.
c) Cambiar el nombre del archivo.
d) Cifrar el contenido del documento.

9. ¿Qué opción de la calculadora permite saber cuántos días hay entre dos fechas?

a) Modo programador.
b) Modo conversión.
c) Cálculo de fechas.
d) Cálculo financiero.

10. ¿Qué elemento de la interfaz de Windows 11 permite anclar aplicaciones y consultar las más utilizadas o recientes?

a) Barra de tareas.
b) Menú Inicio.
c) Escritorio.
d) Centro de notificaciones.

11. ¿Qué combinación de teclas se utiliza para abrir el menú contextual de un archivo o carpeta?

a) Ctrl + clic.
b) Alt + clic.
c) Mayús + clic.
d) Clic derecho.

12. ¿Desde qué apartado del menú Configuración se puede cambiar el tema del sistema operativo?

a) Sistema.
b) Red.
c) Personalización.
d) Aplicaciones.

13. ¿Qué tecla se puede usar para abrir el menú Inicio rápidamente?

a) Ctrl.
b) Tab.
c) Tecla Windows.
d) Alt.

14. ¿Cuál de las siguientes no es una acción disponible al hacer clic derecho sobre un icono anclado a la barra de tareas?

a) Cerrar ventana.
b) Fijar a Inicio.
c) Cambiar nombre del acceso.
d) Anclar a la barra.

15. ¿Qué aplicación básica permite editar imágenes de forma sencilla?

a) Bloc de notas.
b) Paint.

c) Fotos.
d) Recortes.

En MADTEST tienes **más preguntas de este tema, comentadas y argumentadas**, y todos tus avances quedan registrados y se reflejan en el ranking.

¡Supera tus límites con MADTEST!

A continuación te presentamos algunos ejemplos de preguntas comentadas:

16. ¿Qué sucede si pulsamos Alt + F4 cuando tenemos el escritorio activo y ninguna ventana seleccionada?

a) Se abre el menú de accesibilidad.
b) Se reinicia el equipo.
c) Se apaga directamente.
d) Se abre el diálogo para apagar o reiniciar el sistema.

Respuesta correcta: d) Se abre el diálogo para apagar o reiniciar el sistema.

Al pulsar Alt + F4 con el escritorio activo y sin ventanas seleccionadas, Windows interpreta que se desea cerrar la sesión general, activando el cuadro de diálogo de apagado.

17. En Windows 11 queremos refrescar el contenido de la ventana activa. ¿Qué tecla o teclas de acceso rápido utilizaremos?

a) F5.
b) Ctr + X.
c) Alt + F4.
d) Ctrl + Alt + Tab.

Respuesta correcta: a) F5.

Es la tecla de función estándar en el entorno Windows para refrescar o actualizar el contenido de la ventana que se encuentre activa en ese momento.

18. ¿Cuál de los siguientes son todos modos de captura de la herramienta Recortes?

a) Forma Libre, rectangular y circular.
b) Forma Libre, ventana y línea.
c) Forma Libre, circular y ventana.
d) Forma Libre, rectangular y ventana.

Respuesta correcta: d) Forma Libre, rectangular y ventana.

La herramienta Recortes permite realizar capturas de pantalla utilizando estas tres modalidades, además de la captura de pantalla completa.

19. ¿Cuál de los siguientes es un tipo de imagen que se puede abrir con Paint?

a) TIG.
b) JPEG.
c) TIF2.
d) ICA.

Respuesta correcta: b) JPEG.

Paint es una herramienta de edición de imágenes básica compatible con los formatos más comunes de la industria, como JPEG, PNG y BMP.

20. En Windows 11 queremos ver alguna información sobre el computador, como el nombre del PC, la edición de Windows instalada, o la cantidad de RAM instalada. Dentro de la configuración sistema, ¿qué opción elegiremos?

a) Aplicaciones y Características.
b) Almacenamiento.
c) Acerca de…
d) Notificaciones y Acciones.

Respuesta correcta: c) Acerca de…

En la ruta Configuración > Sistema > Información (o Acerca de), se detallan las especificaciones del dispositivo como la RAM, el procesador y la edición del sistema.

Solución al test n.º 6

1. c) Desconexión segura.

2. d) Fax y Escáner.

3. b) Por 8.

4. d) Cambiar la fuente del sistema.

5. c) Barra de tareas.

6. b) Se minimizan todas las ventanas para mostrar el escritorio.

7. b) Bloc de notas.

8. b) Añadir enlaces y texto con formato.

9. c) Cálculo de fechas.

10. b) Menú Inicio.

11. d) Clic derecho.

12. c) Personalización.

13. c) Tecla Windows.

14. c) Cambiar nombre del acceso.

15. b) Paint.

16. d) Se abre el diálogo para apagar o reiniciar el sistema.

17. a) F5.

18. d) Forma Libre, rectangular y ventana.

19. b) JPEG.

20. c) Acerca de…

TEST N.º 7

El explorador de Windows. Gestión de carpetas y archivos. Operaciones de búsqueda. Herramientas «Este equipo» y «Acceso rápido». Accesorios. Herramientas del sistema

1. ¿Cuál es la combinación de teclas que hace que se seleccione la barra de direcciones en el explorador de archivos?

a) Ctrl + D.
b) Ctrl + F.
c) Alt + D.
d) Alt + E.

2. ¿Por qué cantidad de bits está formado un byte?

a) Por 16.
b) Por 8.
c) Por 2.
d) Por 32.

3. ¿Cuál de los siguientes símbolos no pueden usarse en el nombre de un archivo de Windows?

a) \ ?
b) @ ?
c) < $
d) < > &

4. ¿Qué combinación de teclas me permite volver a las carpetas anteriores en el historial del Explorador de archivos de Windows?

a) Alt + Flecha izquierda.
b) Ctrl + S.
c) Windows ⊞ + U.
d) Ctrl + Flecha izquierda.

5. En la opción "Este Equipo" del explorador de Windows, además de las carpetas por defecto, encontraré información de:

a) Conexiones de Red.
b) Unidades de disco.
c) Nuevos Elementos.
d) Carpetas favoritas.

6. En el Explorador de Windows 11:

a) Hay Cinta de Opciones, Caja de direcciones y panel de navegación.
b) Hay Cinta de Opciones, Caja de Búsqueda y panel de direcciones.
c) Hay Cinta de Opciones, Caja de navegación y panel de búsqueda.
d) Hay Cinta de Opciones, Caja de Búsqueda y panel de navegación.

7. Al realizar una búsqueda avanzada desde el explorador de Windows 11, en el tamaño, cuál no es una opción correcta:

a) Minúsculo.
b) Mediano.
c) Muy grande.
d) Gigantesco.

8. Al realizar una búsqueda avanzada desde el explorador de Windows 11, en la fecha de modificación, cuál no es una opción correcta:

a) El mes pasado.
b) Este año.
c) Mes actual.
d) El año pasado.

9. ¿Cuál de las siguientes opciones no es operador booleano válido para buscar desde el explorador de Windows 11?

a) AND.
b) OR.
c) NOT.
d) NOR.

10. Para seleccionar varios elementos alternativos:

a) Mantenemos pulsada la tecla Shift y hacemos clic sobre los elementos.
b) Hacemos clic en el primero de los elementos y mantenemos pulsada la tecla Shift y hacemos clic sobre el último de los elementos.
c) Mantenemos pulsada la tecla Ctrl y hacemos clic sobre los elementos.
d) Hacemos clic en el primero de los elementos y mantenemos pulsada la tecla Ctrl y hacemos clic sobre el último de los elementos.

11. Para mover una carpeta lo que hacemos es:

a) Cortar y Mover.
b) Copiar y Pegar.
c) Mover y Pegar.
d) Cortar y Pegar.

12. ¿Cuál de las siguientes opciones no es una visualización de los archivos de Windows 11?

a) Iconos muy grandes.
b) Iconos.
c) Iconos medianos.
d) Iconos pequeños.

13. Podemos decir que la letra "A" en las unidades:

a) Está en desuso y solía ser para disqueteras.
b) Es para unidades extraíbles.
c) Depende de la existencia de unidad B.
d) Para grabadoras de DVD/CD.

14. En Windows 11, ¿los nombres de archivo tienen un máximo permitido?

a) No hay limitación de tamaño.
b) 255 letras.
c) 255 caracteres.
d) 255 bits.

15. En Windows 11 queremos mostrar el cuadro de diálogo de las propiedades del elemento seleccionado. ¿Qué tecla o teclas de acceso rápido utilizaremos?

a) Alt + Tab.
b) Ctrl + Enter.
c) Alt + Enter.
d) Ctrl + Alt + Tab.

En MADTEST tienes **más preguntas de este tema, comentadas y argumentadas**, y todos tus avances quedan registrados y se reflejan en el ranking.

¡Supera tus límites con MADTEST!

A continuación te presentamos algunos ejemplos de preguntas comentadas:

16. ¿Cuál de las siguientes opciones no es un permiso de usuario autentificado en una carpeta de Windows 11?

a) Lectura y escritura.
b) Lectura y ejecución.
c) Mostrar el contenido de la carpeta.
d) Modificar.

Respuesta correcta: a) Lectura y escritura.

Los permisos estándar detallados en el sistema incluyen Modificar, Lectura y ejecución, y Mostrar el contenido de la carpeta, pero la "Lectura y escritura" no figura como una opción individual en la lista técnica.

17. ¿Cuál es la combinación de teclas que hace que se abra una nueva ventana en el explorador de archivos?

a) Ctrl + N.
b) Ctrl + F.
c) Alt + N.
d) Alt + F.

Respuesta correcta: a) Ctrl + N.

Esta combinación de teclas se utiliza específicamente para abrir una nueva ventana del Explorador de archivos desde la ficha Archivo.

18. ¿Cuál es la acción que realiza en el explorador de archivos la combinación de teclas Alt + Flecha arriba?

a) Ver la carpeta siguiente.
b) Ver la carpeta que contenía la carpeta seleccionada.
c) Ver la carpeta anterior.
d) Abrir el cuadro de diálogo Propiedades del elemento seleccionado.

Respuesta correcta: b) Ver la carpeta que contenía la carpeta seleccionada.

Al pulsar Alt + Flecha arriba, el Explorador permite subir un nivel en la jerarquía, visualizando la carpeta contenedora de la actual.

19. En la frase: "Es posible que hayamos empezado a cortar un archivo y cambiemos de opinión y no queramos moverlo. No pasa nada, pulsamos la tecla _____ para indicar que no vamos a continuar". ¿A qué tecla se refiere?

a) Esc.
b) Tab.

c) Ctrl.
d) Alt + Shift.

Respuesta correcta: a) Esc.

Si se ha iniciado la acción de cortar un archivo y se desea cancelar el movimiento, la tecla Esc sirve para detener o salir de la tarea activa.

20. ¿A cuánto equivalen 762 Kb?

a) 780.831 bits.
b) 780.831 Kbytes.
c) 780.831 Mbytes.
d) 780.831 bytes.

Respuesta correcta: d) 780.831 bytes.

Según las especificaciones de tamaño de Windows, una capacidad de 762 KB se traduce exactamente en 780.831 bytes de información.

Solución al test n.º 7

1. c) Alt + D.

2. b) Por 8.

3. a) \ ?

4. a) Alt + Flecha izquierda.

5. b) Unidades de disco.

6. d) Hay Cinta de Opciones, Caja de Búsqueda y panel de navegación.

7. c) Muy grande.

8. c) Mes actual.

9. d) NOR.

10. d) Hacemos clic en el primero de los elementos y mantenemos pulsada la tecla Ctrl y hacemos clic sobre el último de los elementos.

11. d) Cortar y Pegar.

12. b) Iconos.

13. a) Está en desuso y solía ser para disqueteras.

14. c) 255 caracteres.

15. c) Alt + Enter.

16. a) Lectura y escritura.

17. a) Ctrl + N.

18. b) Ver la carpeta que contenía la carpeta seleccionada.

19. a) Esc.

20. d) 780.831 bytes.

TEST N.º 8

Procesadores de texto: Word 365. Principales funciones y utilidades. Creación y estructuración del documento. Gestión, grabación, recuperación e impresión de ficheros. Personalización del entorno de trabajo

1. ¿Desde qué pestaña de la cinta de opciones de Word podremos comparar dos versiones de un documento?

a) Inicio.
b) Referencias.
c) Word no nos permite realizar esa acción.
d) Revisar.

2. ¿Cuál de las siguientes relaciones entre opción y grupo no es correcta?

a) Tachado y Fuente.
b) Interlineado y Párrafo.
c) Espaciado y Párrafo.
d) Hipervínculo y Referencias.

3. La alineación es un comando de Word 365 que afecta a:

a) La selección de texto.
b) La dirección del texto.
c) El interlineado del texto.
d) Los párrafos.

4. ¿En qué ficha y grupo está la opción para utilizar las tabulaciones?

a) Insertar / Tabulaciones.
b) Inicio / Párrafo/ botón cuadro diálogo Párrafo.
c) Inicio / formato / Tabulaciones.
d) Inicio / Tabulaciones.

5. En Word, ¿cuál es la diferencia entre pulsar INTRO y pulsar las teclas Mayúsculas + Intro?

a) Intro indica párrafo nuevo y Mayúsculas + Intro indica salto de línea.
b) No hay diferencias para Word.
c) Intro indica párrafo nuevo, y Mayúsculas + Intro indica salto de sección.
d) Intro indica salto de línea nuevo, y Mayúsculas + Intro indica salto de sección.

6. El botón Borrar Formato en Word:

a) Borra todo el Formato de la selección.
b) Deja el texto sin formato y lo elimina.
c) Funciona haciendo doble clic.
d) Ese botón existe en Excel, pero no en Word.

7. Los sangrados en Word:

a) Definen el límite izquierdo de los párrafos de un documento, pero no el derecho.
b) Definen el límite derecho de los párrafos de un documento, pero no el izquierdo.
c) Definen el límite izquierdo y el límite derecho de los párrafos de un documento.
d) Definen el límite izquierdo de los párrafos de un documento y el estado de la primera línea de cada uno.

8. La carta modelo en un proceso de combinar correspondencia de Word:

a) Tendrá la tabla de datos para combinar.
b) No tendrá los campos de combinación.
c) Incluirá el texto que no varía.
d) Tendrá tantas hojas como datos se combinen.

9. El método más rápido para acceder a las opciones de la cinta de opciones de Word 365 es hacer un clic con el ratón sobre ellas; si queremos acceder a las distintas opciones de los paneles y menús a partir del teclado, podemos pulsar la tecla:

a) F1.
b) Shift.
c) Ctrl.
d) Alt.

10. La combinación de teclas para la alineación centrada es:

a) Ctrl + T
b) Ctrl + Q
c) Ctrl + J
d) Ctrl + Alt + C

11. El interlineado se puede definir como:

a) El espacio que hay entre los párrafos de un documento.
b) El espacio que hay entre los caracteres de un párrafo.
c) El espacio que hay entre los párrafos seleccionados.
d) El espacio que hay entre una y otra línea de un mismo párrafo.

12. ¿En qué menú de Word 365 se encuentra la opción Marcas de Agua?

a) Insertar.
b) Diseño.
c) Disposición.
d) Inicio.

13. ¿Qué combinación de teclas nos lleva en Word 365 al menú de impresión?

a) Alt + Ctrl + R
b) Alt + Ctrl + V
c) Alt + Ctrl + I
d) Alt + Ctrl + D

14. La sangría francesa:

a) Controla el límite izquierdo de todas las líneas del párrafo menos la segunda.
b) Controla el límite izquierdo de todas las líneas del párrafo menos la última.
c) Controla el límite izquierdo de todas las líneas del párrafo menos la primera.
d) Controla el límite derecho de todas las líneas del párrafo menos la segunda.

15. Para disminuir un nivel en una lista Multinivel de Word 365 pulsamos:

a) Mayúsculas + Control.
b) Mayúsculas + Ins.
c) Mayúsculas + L.
d) Ninguna es correcta.

En MADTEST tienes **más preguntas de este tema**, **comentadas y argumentadas**, y todos tus avances quedan registrados y se reflejan en el ranking.

¡Supera tus límites con MADTEST!

A continuación te presentamos algunos ejemplos de preguntas comentadas:

16. ¿Cuál es el valor máximo del porcentaje de escala del espaciado de caracteres?

a) 400.
b) 600.
c) 200.
d) 1000.

Respuesta correcta: c) 200.

En Microsoft Word 365, el ajuste de la escala del espaciado de caracteres (también conocido como espaciado de escala o *tracking*) permite ampliar o reducir el espacio entre los caracteres de un texto. El valor máximo del porcentaje de escala que se puede establecer en Word es 200 %.

17. ¿Cuál es la definición de tabulación de barra?

a) Alinea el texto tabulado del lado derecho.
b) Alinea los números decimales.
c) Dibuja una línea vertical en el documento.
d) Te permite insertar un marcador de sangría en la regla horizontal para alinear la primera línea de los párrafos del texto.

Respuesta correcta: c) Dibuja una línea vertical en el documento.

La tabulación de barra en Microsoft Word es una función que permite dibujar una línea vertical en la posición de tabulación especificada. Se utiliza a menudo para crear separaciones visuales entre columnas de texto o datos en un documento.

18. ¿Qué combinación de teclas inserta una nota al pie de página?

a) Ctrl + Alt + O
b) Ctrl + Alt + D
c) Ctrl + Alt + S
d) Ctrl + Alt + R

Respuesta correcta: a) Ctrl + Alt + O

En Microsoft Word 365, la combinación de teclas Ctrl + Alt + O se utiliza para insertar una nota a pie de página. Esta función es útil para agregar referencias, comentarios o notas adicionales en la parte inferior de la página, manteniendo el texto principal despejado y organizado.

19. Un estilo de Word 365 puede ser:

a) De párrafo, carácter, imagen y tabla.
b) De párrafo, carácter, imagen y lista.

c) De párrafo, carácter, lista y tabla.

d) Ninguna es correcta.

Respuesta correcta: c) De párrafo, carácter, lista y tabla.

En Microsoft Word 365, los estilos son conjuntos de formatos que se pueden aplicar rápidamente a diferentes elementos de un documento. Los estilos pueden aplicarse a:

- Párrafos: afectan a todo el párrafo, incluyendo alineación, sangría, espacio entre líneas….

- Caracteres: afectan solo a la apariencia del texto, como la fuente, el tamaño, el color, la negrita y la cursiva.

- Listas: afectan a la apariencia de listas numeradas o con viñetas, incluyendo el formato de los números o viñetas y la sangría de las listas.

- Tablas: afectan a la apariencia de las tablas, incluyendo bordes, sombreado y formato de texto dentro de las tablas.

20. La biblioteca de viñetas es:

a) El conjunto de viñetas usadas en el documento actual.

b) El conjunto de viñetas disponibles para usar.

c) El conjunto de viñetas de tipo párrafo.

d) El conjunto de viñetas de tipo *true type*.

Respuesta correcta: b) El conjunto de viñetas disponibles para usar.

En Microsoft Word 365, la biblioteca de viñetas se refiere al conjunto de viñetas que están disponibles para utilizarse en el documento. Esta biblioteca incluye una variedad de estilos de viñetas predefinidas que los usuarios pueden seleccionar para aplicar en sus documentos. La biblioteca de viñetas no se limita a las viñetas ya usadas en el documento actual, ni se refiere específicamente a tipos de viñetas basados en *true type* o solo a las de tipo párrafo. La biblioteca de viñetas permite definir viñetas nuevas.

Solución al test n.º 8

1. d) Revisar.

2. d) Hipervínculo y Referencias.

3. d) Los párrafos.

4. b) Inicio / Párrafo/ botón cuadro diálogo Párrafo.

5. a) Intro indica párrafo nuevo y Mayúsculas + Intro indica salto de línea.

6. a) Borra todo el Formato de la selección.

7. c) Definen el límite izquierdo y el límite derecho de los párrafos de un documento.

8. c) Incluirá el texto que no varía.

9. d) Alt.

10. a) Ctrl + T

11. d) El espacio que hay entre una y otra línea de un mismo párrafo.

12. b) Diseño.

13. c) Alt + Ctrl + I

14. c) Controla el límite izquierdo de todas las líneas del párrafo menos la primera.

15. d) Ninguna es correcta.

16. c) 200.

17. c) Dibuja una línea vertical en el documento.

18. a) Ctrl + Alt + O

19. c) De párrafo, carácter, lista y tabla.

20. b) El conjunto de viñetas disponibles para usar.

Hojas de cálculo: Excel 365. Principales funciones y utilidades. Libros, hojas y celdas. Configuración. Introducción y edición de datos. Fórmulas y funciones. Gráficos. Gestión de datos. Personalización del entorno de trabajo

1. Si queremos eliminar un comentario que tiene una celda de Excel 365, ¿a qué ficha tenemos que acceder?

a) Revisar.
b) Comentarios.
c) Datos.
d) Programador.

2. Las constantes de Excel 365 pueden ser valores:

a) Numéricos y de tipo texto.
b) Horas y Fechas.
c) Numéricos, de texto, horas y fechas.
d) Numéricos, de texto, horas y fechas y booleanos.

3. Si en una celda aparecen símbolos de sostenido (#####):

a) Está en notación científica negativa.
b) Es un valor de texto incorrecto.
c) El valor no cabe en la altura de la celda.
d) El valor no cabe en la anchura de la celda.

4. De manera predeterminada, Excel 365:

a) Muestra 2 hoja de cálculo.
b) Muestra 5 hojas de cálculo.
c) Muestra 10 hojas de cálculo.
d) Es un valor configurable.

5. La opción de ocultar Hoja de Excel 365 podemos encontrarla en:

a) El botón de lista Insertar.
b) El botón de lista Hoja.
c) El botón de lista Formato.
d) El botón de lista Eliminar.

6. La etiqueta de la hoja de cálculo se colorea totalmente cuando:

a) Estás en una hoja distinta.
b) Estás en la propia hoja.
c) Siempre está coloreada.
d) Si la hoja no está totalmente vacía.

7. En la ficha Página, en el grupo Configurar Página, podemos:

a) Definir los márgenes de la hoja.
b) Definir los saltos de página.
c) Definir la orientación.
d) Definir los márgenes, los saltos de página pero no el centrado de las páginas.

8. La escala de ajuste de la hoja de cálculo, tiene un valor máximo de:

a) 100 %.
b) 400 %.
c) 250 %.
d) 150 %.

9. Un encabezado en Excel 365 es la parte de la Hoja que está:

a) Entre el borde inferior y el margen superior.
b) Entre el borde inferior y el margen inferior.
c) Entre el borde superior y el margen superior.
d) Entre el borde superior y el margen superior.

10. El código #N/A es:

a) Error de acceso a la celda.
b) Fórmula matricial.
c) Error de celda.
d) División por 0.

11. Las funciones de Excel 365 son:

a) Fórmulas predefinidas.
b) Cálculos predefinidos.
c) Argumentos predefinidos.
d) Macros.

12. La función =SUMA(A1 ; A8 ; A10)

a) Suma todas las celdas desde la A1 a la A8 y además la A10.
b) Suma todas las celdas desde la A1 a la A10 menos la A8.
c) Suma todas las celdas desde la A1 a la A8 y el resultado lo coloca en la A10.
d) Suma las celdas A1, A8 y la A10.

13. La función =SUMA(A1 ; 3 ; A8)

a) Suma 3 veces la celda A1 y la A8.
b) Suma la celda A1 y 3 veces la celda A8.
c) No es una formula correcta.
d) Suma la celda A1, una constante de 3 y la celda A8.

14. La función RESIDUO:

a) Calcula el interés residual de un préstamo.
b) Devuelve el resto de una división.
c) Calcula la parte entera de una división.
d) No es una función correcta, sería RESTO.

15. La función" =REDONDEAR (B3 ; -2)", teniendo en B3 el valor "14,14":

a) Dará un error como resultado.
b) Redondea el valor B3 al valor más cercano a "-2".
c) Redondea el valor B3 y le resta "2".
d) Devuelve como resultado 0.

En MADTEST tienes **más preguntas de este tema, comentadas
y argumentadas**, y todos tus avances quedan registrados y se
reflejan en el ranking.

¡Supera tus límites con MADTEST!

A continuación te presentamos algunos ejemplos de preguntas comentadas:

16. Un gráfico en Excel 365 puede llegar a tener:

a) Eje X.
b) Eje X, Eje Y.

c) Eje X, Eje Y, Eje Z.

d) Eje X y Eje Z.

Respuesta correcta: c) Eje X, Eje Y, Eje Z.

Los gráficos tridimensionales en Excel 365 pueden tener hasta tres ejes: el eje X (categorías), el eje Y (valores) y el eje Z (valores en gráficos tridimensionales). Estos ejes permiten representar datos en tres dimensiones, proporcionando una visualización más compleja y detallada de la información.

17. El eje de valores de un gráfico en columnas:

a) Puede ser el eje vertical.

b) Puede ser el eje horizontal.

c) Puede ser el eje vertical u horizontal.

d) Un gráfico de columnas no tiene eje de valores.

Respuesta correcta: c) Puede ser el eje vertical u horizontal.

En un gráfico de columnas en Excel 365, el eje de valores puede ser tanto el eje vertical como el horizontal, dependiendo de cómo se configure el gráfico. El eje de valores muestra las cantidades asociadas a las categorías representadas en el gráfico, permitiendo una comparación visual clara de los datos.

18. Si en los rótulos de la lista aparecen botones de lista desplegable es porque:

a) Se ha realizado una ordenación personalizada.

b) Se ha realizado un Filtrado.

c) Se ha realizado un Subtotal.

d) Se ha realizado un Filtro Avanzado.

Respuesta correcta: b) Se ha realizado un Filtrado.

Los botones de lista desplegable en los rótulos de una lista en Excel 365 indican que se ha aplicado un filtro. Estos botones permiten al usuario seleccionar y mostrar únicamente los datos que cumplen con ciertos criterios, facilitando el análisis de grandes conjuntos de datos.

19. Los datos de una lista de una hoja de cálculo se ordenan:

a) Alfabéticamente.

b) Personalizadamente.

c) Puede ser Alfabéticamente o Personalizadamente.
d) Por la fila de las celdas afectadas.

Respuesta correcta: c) Puede ser Alfabéticamente o Personalizadamente.

En Excel 365, los datos de una lista pueden ordenarse tanto alfabéticamente como de manera personalizada. Esta flexibilidad permite organizar los datos de acuerdo con diferentes criterios, lo cual es esencial para analizar y presentar la información de manera eficaz.

20. El área de trazado de un gráfico:

a) Es el área total ocupada por el gráfico.
b) Es el área que ocupa la representación de las series de datos.
c) Es el área que ocupan el título y la leyenda del gráfico.
d) Es el área que ocupa la leyenda y los rótulos de datos.

Respuesta correcta: b) Es el área que ocupa la representación de las series de datos.

En Excel 365, el área de trazado de un gráfico es la parte del gráfico donde se representa visualmente la serie de datos. Esta área excluye elementos como el título, la leyenda y los rótulos, enfocándose exclusivamente en la representación gráfica de los datos.

Solución al test n.º 9

1. a) Revisar.

2. c) Numéricos, de texto, horas y fechas.

3. d) El valor no cabe en la anchura de la celda.

4. d) Es un valor configurable.

5. c) El botón de lista Formato.

6. a) Estás en una hoja distinta.

7. c) Definir la orientación.

8. b) 400 %.

9. c) Entre el borde superior y el margen superior.

10. c) Error de celda.

11. a) Fórmulas predefinidas.

12. d) Suma las celdas A1, A8 y la A10.

13. d) Suma la celda A1, una constante de 3 y la celda A8.

14. b) Devuelve el resto de una división.

15. d) Devuelve como resultado 0.

16. c) Eje X, Eje Y, Eje Z.

17. c) Puede ser el eje vertical u horizontal.

18. b) Se ha realizado un Filtrado.

19. c) Puede ser Alfabéticamente o Personalizadamente.

20. b) Es el área que ocupa la representación de las series de datos.

TEST N.º 10

Bases de datos: Access 365. Principales funciones y utilidades. Tablas. Consultas. Formularios. Informes. Relaciones. Importación, vinculación y exportación de datos

1. En un informe de Access, ¿cuál de las siguientes opciones podemos realizar?

a) Modificar y actualizar datos de las tablas.
b) Insertar y eliminar datos de las tablas.
c) Presentar, organizar y actualizar los datos de las tablas.
d) Presentar y organizar los datos de las tablas.

2. ¿Cuál de las siguientes afirmaciones es correcta sobre los límites en Microsoft Access?

a) El número máximo de caracteres de un nombre de campo es 255.
b) El número máximo de campos en una tabla es 2048.
c) El tamaño máximo de una tabla es 2 gigabytes menos el espacio necesario para los objetos del sistema.
d) El número máximo de tablas abiertas es 64.

3. En un informe tabular se muestran los campos:

a) En una fila horizontal con etiquetas de campo en la parte superior del informe.
b) En una fila horizontal con etiquetas de campo en la parte inferior del informe.
c) En una fila horizontal con etiquetas de campo en la parte central del informe.
d) En una columna vertical con etiquetas de campo en la parte central del informe.

4. Cuando estamos viendo el contenido de un valor de campo de una tabla y no podemos ver todo el contenido a la vez, ¿qué comando de los siguientes nos abre el cuadro de Zoom para verlo cómodamente?

a) Mayús + F10.
b) Mayús + F6.

c) Mayús + F2.
d) Mayús + F12.

5. Un formulario en Columnas muestra:

a) Cada registro se muestra en una página distinta, con los datos distribuidos en columnas.
b) Cada registro se muestra en una página distinta, con los datos distribuidos en Hojas de datos.
c) Cada registro se muestra en una página distinta, con los datos tabulados.
d) Los datos en forma de tabla, cada registro en una fila, unos debajo de otros.

6. La fila "O" de las consultas se denomina:

a) Fila de criterios.
b) Fila de condiciones.
c) Fila de criterios o Fila de condiciones.
d) Fila de excepciones.

7. Para movernos por los diferentes paneles de las ventanas de una base de datos de Microsoft Access, ¿qué combinación de teclas usaremos?

a) Mayús + F10.
b) Mayús + F6.
c) Mayús + F2.
d) Mayús + F12.

8. ¿Cuál de las siguientes opciones no es una de las características de las consultas de acción?

a) Crear una tabla.
b) Crear subtotales con los datos.
c) Eliminar datos.
d) Actualizar datos.

9. Al modificar relaciones Uno a Varios podemos:

a) Actualizar y eliminar en cascada campos relacionados.
b) Solo actualizar en cascada campos relacionados.
c) Solo eliminar en cascada campos relacionados.
d) Actualizar y eliminar en cascada datos de campos.

10. La integridad referencial es:

a) Un conjunto de relaciones.
b) Un conjunto de valores no nulos.

c) Un conjunto de campos relacionados.
d) Un conjunto de reglas.

11. Para desplegar el menú contextual en los objetos de una base de datos de Microsoft Access, ¿qué combinación de teclas usaremos?

a) Mayús + F10.
b) Mayús + F6.
c) Mayús + F2.
d) Mayús + F12.

12. En el tipo de relación "Uno a Varios":

a) Cada registro de la tabla principal tiene más de un registro enlazado en la tabla relacionada.
b) Cada registro de la tabla principal puede tener más de un registro enlazado en la tabla relacionada.
c) Cada registro de la tabla relacionada tiene más de un registro enlazado en la tabla principal.
d) Cada registro de la tabla principal puede tener más de un registro enlazado en la tabla principal.

13. ¿Puede tener una tabla dos campos con el mismo nombre en Access 365?

a) Solo si son de tipos de datos diferentes.
b) Solo si uno de ellos es clave primaria.
c) Solo si uno de ellos es clave secundaria de otra tabla de referencia.
d) No se puede en ningún caso.

14. Los nombres de los campos de Access tienen una longitud máxima de:

a) 128 caracteres.
b) 64 caracteres.
c) 256 caracteres.
d) 32 caracteres.

15. Cuál de los siguientes pares no es un valor posible para los campos de tipo Sí / No:

a) Verdadero / Falso.
b) Activado / Desactivado.
c) Si / No
d) True / False.

En MADTEST tienes **más preguntas de este tema, comentadas y argumentadas**, y todos tus avances quedan registrados y se reflejan en el ranking.

¡Supera tus límites con MADTEST!

A continuación te presentamos algunos ejemplos de preguntas comentadas:

16. ¿Cuál de las siguientes afirmaciones sobre los nombres de campos en Microsoft Access es correcta?

a) Los nombres de campo pueden tener una longitud de hasta 255 caracteres y no pueden contener espacios en blanco.

b) Los nombres de campo pueden incluir cualquier combinación de letras, números, espacios en blanco y caracteres especiales, excepto un punto (.), un signo de admiración (!), un acento grave (`) y corchetes ([ ]).

c) Los nombres de campo no pueden tener más de 64 caracteres y no deben contener letras.

d) Los nombres de campo pueden incluir caracteres especiales como un punto (.) y corchetes ([ ]), pero no pueden tener espacios en blanco.

Respuesta correcta: b) Los nombres de campo pueden incluir cualquier combinación de letras, números, espacios en blanco y caracteres especiales, excepto un punto (.), un signo de admiración (!), un acento grave (`) y corchetes ([ ]).

En Microsoft Access, los nombres de campo pueden tener una longitud de hasta 64 caracteres y, pueden incluir cualquier combinación de letras, números, espacios en blanco y caracteres especiales, excepto un punto (.), un signo de admiración (!), un acento grave (`) y corchetes ([ ]).

17. En un campo de tipo "Fecha/Hora", ¿cuál de los siguientes no existe en Access 365?

a) Fecha General.
b) Hora Larga.
c) Fecha Mediana.
d) Hora Completa.

Respuesta correcta: d) Hora Completa.

El formato **"Hora Completa"** no existe entre los formatos predefinidos de Access 365 para campos de tipo "Fecha/Hora".

18. En Access tenemos dos tablas: "Datos Albarán" y "Líneas Albarán". En Datos Albarán está la información relativa a cada albarán y en Líneas Albarán cada línea de los elementos del albarán. Siempre que se hace un pedido se emite un albarán aunque un albarán puede incluir también varios elementos. ¿Cuál de las siguientes relaciones es la que mantiene Datos albarán con Líneas albarán?

a) Varios a Varios.
b) Varios a Uno.
c) Uno a Varios.
d) Uno a Uno.

Respuesta correcta: c) Uno a Varios.

En este caso, cada albarán (registro en la tabla "Datos Albarán") puede tener múltiples líneas de elementos asociadas (registros en la tabla "Líneas Albarán"). Esto significa que un registro en la tabla "Datos Albarán" puede estar relacionado con varios registros en la tabla "Líneas Albarán", lo que define una relación de Uno a Varios.

19. En Access, creamos una consulta para eliminar de la tabla de Productos, aquellos registros cuyo valor en el campo activo sea igual a NO. ¿Cuál de los siguientes tipos de consulta deberemos utilizar?

a) Consulta de creación de tabla.
b) Consulta de selección.
c) Consulta de actualización.
d) Consulta de eliminación.

Respuesta correcta: d) Consulta de eliminación.

En Access, para eliminar registros de una tabla basados en una condición específica (en este caso, aquellos registros cuyo valor en el campo "activo" sea igual a NO), se debe utilizar una consulta de eliminación.

20. Para guardar un objeto de base de datos de datos de Microsoft Access, ¿qué combinación de teclas usaremos?

a) Mayús + F10.
b) Mayús + F6.
c) Mayús + F2.
d) Mayús + F12.

Respuesta correcta: d) Mayús + F12.

Respuesta: en Microsoft Access, la combinación de teclas Mayús + F12 se utiliza para guardar un objeto de base de datos. Esto es equivalente a seleccionar la opción "Guardar" en el menú Archivo o hacer clic en el icono de guardar en la barra de herramientas.

Solución al test n.º 10

1. d) Presentar y organizar los datos de las tablas.

2. c) El tamaño máximo de una tabla es 2 gigabytes menos el espacio necesario para los objetos del sistema.

3. a) En una fila horizontal con etiquetas de campo en la parte superior del informe.

4. c) Mayús + F2.

5. a) Cada registro se muestra en una página distinta, con los datos distribuidos en columnas.

6. a) Fila de criterios.

7. b) Mayús + F6.

8. b) Crear subtotales con los datos.

9. a) Actualizar y eliminar en cascada campos relacionados.

10. d) Un conjunto de reglas.

11. a) Mayús + F10.

12. b) Cada registro de la tabla principal puede tener más de un registro enlazado en la tabla relacionada.

13. d) No se puede en ningún caso.

14. b) 64 caracteres.

15. b) Activado / Desactivado.

16. b) Los nombres de campo pueden incluir cualquier combinación de letras, números, espacios en blanco y caracteres especiales, excepto un punto (.), un signo de admiración (!), un acento grave (`) y corchetes ([ ]).

17. d) Hora Completa.

18. c) Uno a Varios.

19. d) Consulta de eliminación.

20. d) Mayús + F12.

Correo electrónico: Outlook 365. Conceptos elementales y funcionamiento. El entorno de trabajo. Enviar, recibir, responder y reenviar mensajes. Creación de mensajes. Reglas de mensaje. Libreta de direcciones

1. Di cuál es una dirección de correo válida en el Outlook 365:

a) persona@proveedorcom
b) www.proveedor.com
c) persona.proveedor.com
d) cta@cts.es.

2. La parte de la izquierda de una dirección de correo electrónico en la versión Outlook 365 se denomina:

a) Dominio.
b) Organización.
c) Dominio de organización.
d) Nombre de Usuario.

3. ¿Cuál de las siguientes combinaciones de teclas es la que está asociada a "Responder a todos"?

a) Ctrl + R
b) Ctrl + Mayús+ R
c) Ctrl + F
d) Ctrl + U

4. Los clientes de correo POP:

a) Tienen que estar conectados todo el tiempo.
b) Los mensajes se descargan de golpe si están disponibles.

c) Los mensajes se descargan parcialmente aun sin estar disponibles.

d) Tienen que estar conectados a intervalos de 15'.

5. ¿Qué es un Hoax?

a) Un Bulo o Noticia falsa.

b) Suplantación de identidad.

c) Un virus.

d) Un error de configuración en el navegador.

6. El protocolo SMTP:

a) Permite recibir mensajes.

b) Permite enviar mensajes.

c) Permite enviar y recibir mensajes.

d) No es un protocolo.

7. Cuando un usuario envía un correo:

a) El mensaje se dirige primero hasta el buzón de correo de su proveedor de internet.

b) El mensaje se dirige primero hasta el buzón de correo del proveedor de internet del destinatario.

c) El mensaje se dirige primero hasta el buzón de correo del proveedor de internet del destinatario si es de tipo POP.

d) El mensaje se dirige primero hasta el buzón de correo del proveedor de internet del destinatario si es de tipo SMTP.

8. En Microsoft Outlook se pueden configurar:

a) Correos gratuitos.

b) Correos de proveedor de pago.

c) Tanto correos gratuitos como de proveedores de pago.

d) Correos de proveedor de pago, pero con licencia empresarial.

9. ¿Cuál de las siguientes expresiones no es correcta?

a) Los destinatarios incluidos en un campo CCO pueden recibir el correo y ver el resto de los destinatarios incluidos en los campos Para y CC, así como responderles.

b) Los destinatarios incluidos en un campo CCO no pueden ver a otros posibles destinatarios del campo CCO.

c) Ningún destinatario, independientemente del campo donde se encuentre, tendrá constancia de alguna dirección de correo electrónico incluida en CCO.

d) Solo los destinatarios del campo PARA podrán saber qué personas han recibido el mensaje en copia oculta.

10. La carpeta de correo no deseado o Spam contiene:

a) Correos recibidos con origen desconocido.
b) Correos enviados con destino sospechoso.
c) Correos recibidos o enviados con origen desconocido.
d) Correos enviados con destino sospechoso de los últimos 30 días.

11. Al pulsar la opción de imprimir de la ficha archivo, en Outlook, podemos elegir en la configuración entre "tabla" o "memorando"; ¿qué diferencia existe entre ambas opciones?

a) Tabla imprime la lista de correos y Memorando el correo seleccionado.
b) Tabla imprime el correo seleccionado y Memorando la lista de correos.
c) Tabla imprime el correo seleccionado y Memorando permite modificar la configuración de la impresión.
d) Tabla imprime el correo seleccionado en formato tabular y Memorando solo el asunto.

12. La opción "Responder a todos":

a) Responde al remitente y a los usuarios de la lista de contactos seleccionados previamente.
b) Responde al remitente y al resto de usuarios que estén en el mensaje.
c) Responde al remitente y solo a los usuarios del mensaje que estén en el CC.
d) Responde al remitente y solo a los usuarios del mensaje que estén en el "Para".

13. Los destinatarios del campo CC:

a) No son visibles para los del campo CCO.
b) Solo son visibles para los del campo PARA.
c) Solo son visibles para los del campo CC.
d) Son visibles para todos los destinatarios.

14. La parte del entorno que permite ver una vista previa del correo seleccionado se llama:

a) Panel de lectura.
b) Visor de lectura.
c) Vista de lectura.
d) Panel de Vista.

15. Al reenviar un mensaje en el asunto aparecerá:

a) RE:
b) RW:
c) RS:
d) RV:

En MADTEST tienes **más preguntas de este tema, comentadas y argumentadas**, y todos tus avances quedan registrados y se reflejan en el ranking.

¡Supera tus límites con MADTEST!

A continuación te presentamos algunos ejemplos de preguntas comentadas:

16. Las reglas pueden aplicarse:

a) Solo para mensajes que se reciban.
b) Solo para mensajes que se envían.
c) Para mensajes que se envían o reciben.
d) Solo para mensajes que se envían de un determinado remitente.

Respuesta correcta: c) Para mensajes que se envían o reciben.

En Microsoft Outlook, las reglas pueden configurarse para aplicarse tanto a los mensajes que se reciben como a los mensajes que se envían. Esto permite a los usuarios automatizar una variedad de tareas y gestionar su correo electrónico de manera más eficiente, ya sea organizando los mensajes entrantes en carpetas específicas, aplicando categorías, o realizando acciones automáticas en los correos salientes.

17. La extensión de los archivos de archivado de mensajes en Outlook 365 es:

a) PST.
b) PTS.
c) PAT.
d) ICS.

Respuesta correcta: a) PST.

La extensión de los archivos de archivado de mensajes en Microsoft Outlook es ".pst". Estos archivos, conocidos como archivos de carpetas personales o archivos de datos de Outlook, se utilizan para almacenar copias de mensajes, calendarios, contactos, tareas y otros elementos dentro de Outlook.

18. El icono de seguimiento se corresponde en Outlook 365 con:

a) Una flecha azul.
b) Una admiración roja.

c) Una bandera roja.
d) Una bandera azul.

Respuesta correcta: c) Una bandera roja.

En Outlook 365, el icono de seguimiento se representa con una bandera roja. Este ico-no se utiliza para marcar correos electrónicos que necesitan seguimiento, ayudando a los usuarios a identificar y gestionar los mensajes que requieren una acción posterior.

19. La pestaña de ENVIAR y RECIBIR, solo aparece visible en el Outlook 365:

a) Cuando estamos redactando un correo nuevo.
b) Cuando estamos dentro de la opción de correo.
c) Cuando tenemos marcado un correo de la bandeja de salida.
d) Ninguna es correcta.

Respuesta correcta: b) Cuando estamos dentro de la opción de correo.

La pestaña "Enviar y recibir" en Microsoft Outlook 365 aparece visible cuando estás en la vista principal de correo electrónico. Esta pestaña ofrece opciones relacionadas con el envío y la recepción de correos, como enviar y recibir todos los correos, actualizar la carpeta de bandeja de entrada, trabajar sin conexión, y gestionar las cuentas de co-rreo. No aparece cuando estás redactando un nuevo correo o cuando tienes marcado un correo de la bandeja de salida.

20. Los mensajes no leídos en el Outlook 365:

a) Aparecen en fondo azul.
b) Tienen una banderita de color rojo.
c) Aparece un sobre abierto en azul.
d) Ninguna es correcta.

Respuesta correcta: d) Ninguna es correcta.

En Outlook 365, los mensajes no leídos generalmente se muestran en negrita para destacarlos del resto de los correos. Dependiendo de la configuración del tema, pue-den tener un pequeño punto o icono a la izquierda del mensaje para indicar que no han sido leídos, pero no aparecen en fondo azul, no tienen una banderita de color rojo, ni muestran un sobre abierto en azul.

Solución al test n.º 11

1. d) cta@cts.es.

2. d) Nombre de Usuario.

3. b) Ctrl + Mayús+ R

4. b) Los mensajes se descargan de golpe si están disponibles.

5. a) Un Bulo o Noticia falsa.

6. b) Permite enviar mensajes.

7. a) El mensaje se dirige primero hasta el buzón de correo de su proveedor de internet.

8. c) Tanto correos gratuitos como de proveedores de pago.

9. d) Solo los destinatarios del campo PARA podrán saber qué personas han recibido el mensaje en copia oculta.

10. a) Correos recibidos con origen desconocido.

11. a) Tabla imprime la lista de correos y Memorando el correo seleccionado.

12. b) Responde al remitente y al resto de usuarios que estén en el mensaje.

13. d) Son visibles para todos los destinatarios.

14. a) Panel de lectura.

15. d) RV:

16. c) Para mensajes que se envían o reciben.

17. a) PST.

18. c) Una bandera roja.

19. b) Cuando estamos dentro de la opción de correo.

20. d) Ninguna es correcta.

La Red Internet: origen, evolución y estado actual. Conceptos elementales sobre protocolos y servicios en Internet. Funcionalidades básicas de los navegadores web

1. ¿Qué afirmación es correcta al respecto de Internet?

a) Internet es una red de ordenadores centralizada.
b) Internet es una red de ordenadores descentralizada.
c) Internet es un conjunto de ordenadores sin relación de ningún tipo.
d) Ninguna de las anteriores.

2. ¿Cuándo apareció el primer navegador Web?

a) En 1980.
b) En 1989.
c) En 1990.
d) En 1999.

3. La publicidad en la red de Internet se conoce como:

a) Banner.
b) Pop-Ups.
c) Chats.
d) Cookies.

4. ¿Cómo se denomina a la red local de datos?

a) WAN.
b) UMTS.
c) WiFi.
d) LAN.

5. ¿Cuál de los siguientes términos no está relacionado con protocolos de Internet?

a) TCP/IP.
b) HTTP.
c) Java.
d) FTP.

6. El lugar donde se ofrecen páginas de Internet para ser consultadas se denomina:

a) Proxy.
b) Server.
c) Gateway.
d) Rúter.

7. Para convertir un nombre de dominio en una dirección IP pública a la que poder acceder se hace uso de:

a) DNS.
b) NDS.
c) SDN.
d) Gateway.

8. Para proteger nuestro PC de accesos indeseados, se puede hacer uso de:

a) Gateway.
b) Router.
c) Firewall.
d) Ninguna de las respuestas anteriores es correcta.

9. ¿Cuál es una de las particularidades del protocolo TCP/IP?

a) Es un protocolo específico para dispositivos móviles.
b) No permite detectar paquetes perdidos.
c) Permite identificar paquetes no recibidos y solicitarlos de nuevo.
d) Ninguna de las anteriores.

10. ¿Qué pretenden los operadores con el uso del CG-NAT?

a) Usar una misma IP pública para varios usuarios.
b) Aumentar la velocidad de las conexiones.
c) Generar más tráfico en la red.
d) Ninguna de las anteriores.

11. Indica cuál de las siguientes direcciones IP es errónea:

a) 192.168.2.1
b) 192.256.2.5

c) 80.52.63.5
d) 123.2.1.1

12. Indica cuál de las siguientes opciones no es un navegador de Internet:

a) Edge.
b) Chrome.
c) Safari.
d) Filezilla.

13. Para ver el histórico de navegación en Edge, podemos hacer uso de la combinación de teclas:

a) Ctrl + Mayús + H.
b) Ctrl + H.
c) Mayús + H.
d) Ninguna de las anteriores

14. ¿Qué formato de compresión de imágenes se suele usar para las webs?

a) RAW.
b) MPEG.
c) JPG.
d) BMP.

15. Los enlaces a páginas web o partes de un documento se denominan:

a) Vínculos.
b) Anclas.
c) Extensiones.
d) Ventanas.

En MADTEST tienes **más preguntas de este tema, comentadas y argumentadas**, y todos tus avances quedan registrados y se reflejan en el ranking.

¡Supera tus límites con MADTEST!

A continuación te presentamos algunos ejemplos de preguntas comentadas:

16. ¿Como se denomina al objeto referente a guardar una página web para visitarla de forma más fácil posteriormente?

a) Marcador.
b) Favorito.
c) Las dos respuestas anteriores son correctas.
d) Vínculo.

Respuesta correcta: c) Las dos respuestas anteriores son correctas.

Marcadores y favoritos son las formas de llamar al guardado de páginas web para visitarlas posteriormente más fácilmente.

17. La memoria donde se carga parte de la página web que se visita para navegar más rápido y transmitir únicamente los cambios en la misma se denomina:

a) Cookie.
b) Caché.
c) Historial.
d) Marcador.

Respuesta correcta: b) Caché.

La caché es una memoria intermedia en la que el navegador guarda sus accesos más recientes para que, si vuelve a la página, esta se cargue más rápido y únicamente busque los cambios en la misma. Las cookies por otra parte son elementos que las páginas guardan en nuestro navegador para facilitar posteriores navegaciones en las webs.

18. ¿Qué son las cookies de un navegador Web?

a) Son una memoria para acceder más rápidamente a las webs.
b) Son los datos del usuario que se almacenan al acceder a ciertas webs para agilizar su uso en futuros accesos.
c) Son elementos que dificultan la navegación a través de internet.
d) Son virus que ralentizan la navegación.

Respuesta correcta: b) Son los datos del usuario que se almacenan al acceder a ciertas web para agilizar su uso en futuros accesos.

Las cookies son datos que las páginas Web guardan en el navegador del cliente que accede a ellas para facilitar posteriores accesos a dicha página.

19. ¿Qué servicios se pueden utilizar para hacer copias de seguridad de datos o compartir archivos en la nube?

a) Facebook.
b) DropBox.

c) Twitter.
d) Ninguno de los anteriores.

Respuesta correcta: b) DropBox.

Dropbox es un servicio de almacenamiento de datos en la nube mientras que Facebook y Tweeter son redes sociales.

20. El contenido de la red y los niños es un tema que se trata en una disciplina denominada:

a) Ciberética.
b) Proveedores.
c) El protocolo TCP.
d) Ninguna de las respuestas anteriores es correcta.

Respuesta correcta: a) Ciberética.

Entre otras cosas la ciberética se encarga de controlar el contenido de Internet para evitar la censura. Y el contenido de Internet y los niños (cómo los padres podrían proteger a sus hijos de algunos contenidos).

Solución al test n.º 12

1. b) Internet es una red de ordenadores descentralizada.

2. c) En 1990.

3. a) Banner.

4. d) LAN.

5. c) Java.

6. b) Server.

7. a) DNS.

8. c) Firewall.

9. c) Permite identificar paquetes no recibidos y solicitarlos de nuevo.

10. a) Usar una misma IP pública para varios usuarios.

11. b) 192.256.2.5.

12. d) Filezilla.

13. a) Ctrl + H.

14. c) JPG.

15. a) Vínculos.

16. c) Las dos respuestas anteriores son correctas.

17. b) Caché.

18. b) Son los datos del usuario que se almacenan al acceder a ciertas web para agilizar su uso en futuros accesos.

19. b) DropBox.

20. a) Ciberética.

Cómo acceder al Curso

Auxiliar Administrativo del Estado
Libro de test

El uso de los códigos **es exclusivo de los compradores de los productos de Editorial MAD**. Cada producto posee un código único y de un solo uso. Es personal e intransferible y da acceso a servicios y contenidos adicionales. Editorial MAD se reserva el derecho de hacer cuantas comprobaciones sean necesarias para identificar al legítimo poseedor del código y dejar de dar servicio a quien haga uso fraudulento del mismo, además de emprender cuantas acciones legales estime oportunas según la legislación vigente.

Deberás acceder a:

mad.es/registro-campus

Si una vez aceptadas las condiciones de uso del Campus decides hacer uso del mismo, necesitarás del siguiente código de acceso junto con los códigos del resto de títulos que se exigen (si fuera el caso):

4VQLEP3MXB